अमीर बनो

पैसा कमाने के आसान तरीके

AF664557

जे.पी.एस. जौली

डायमंड बुक्स

www.diamondbook.in

© लेखकाधीन

प्रकाशक : डायमंड पॉकेट बुक्स (प्रा.) लि.
X-30 ओखला इंडस्ट्रियल एरिया, फेज-II
नई दिल्ली-110020
फोन : 011-40712200
ई-मेल : sales@dpb.in
वेबसाइट : www.diamondbook.in
संस्करण : 2022

मुद्रक : रेप्रो (इंडिया)

अमीर बनो : पैसा कमाने के आसान तरीके
By : J.P.S. Jolly

लेखक के बारे में

जौली अंकल

श्री जे.पी.एस.जौली–जौली अंकल लेखन जगत के क्षेत्र में एक ऐसा जाना–पहचाना नाम है जिनकी कलम को प्यार करने वाले दीवाने सारी दुनिया में बसते हैं। जौली अंकल मोटिवेशनल लेखक, वक्ता होने के अलावा मशहूर ग्राफोलॉजी–हस्तलेखन विज्ञान के भी विशेषज्ञ हैं। इनका अपना एक प्रेरणादायक यू–टयूब वीडियो चैनल भी है। इनके बारे में कहा जाता है कि उनका शुरुआती दौर बहुत ही मुश्किलों भरा था। एक मध्यम वर्गीय परिवार में जन्म लेने वाले जौली अंकल ने कभी भी आर्थिक परिस्थितियों को अपनी कामयाबी के बीच रुकावट नहीं बनने दिया। इन्होंने अपने करियर की शुरुआत एक प्राईवेट कम्पनी में स्टेनोग्राफर की हैसयित से की थी। कुछ समय बाद इन्होंने वो नौकरी छोड़ कर एक इन्टनैशनल इलेक्ट्रॉनिक कम्पनी में नौकरी कर ली। यहां पर इन्होंने आयात–निर्यात व्यापार से जुड़ी सभी बारीकियों को अच्छे से समझना शुरू कर दिया। इनके पास ज्यादा पैसे तो थे नहीं कि यह अलग से अपना कोई कारोबार शुरू कर सकें। लेकिन मन में कुछ करने के जोश और जुनून की बदौलत इन्होंने अपने एक खास दोस्त के साथ मिल कर कार्गो क्लीरन्स का काम शुरू कर दिया। आज तकरीबन 45 साल से अपने इस विशेष हुनर से मनचाहा मुकाम हासिल करने में सफल रहे। इनका मानना है कि पैसा कमाना है तो सिर्फ उसकी इच्छा मत रखो, बल्कि उसे अपने जीवन का सबसे बड़ा लक्ष्य बनाओ। क्योंकि दुनिया के अधिकतर सफल एवं अमीर लोग सिर्फ अपनी सोच और नजरिये के दम पर ही रईस बन पाये हैं। दुनिया में सबसे अधिक दौलत पाना चाहते हो तो अपने दिमाग का इस्तेमाल करते हुए किसी न किसी नई चीज़ की खोज़ करो। इनके बारे में अगर यह कहा जाये कि यह बहुमुखी प्रतिभा के धनी हैं तो शायद गलत न होगा। इनका जीवन

बिलकुल खुली किताब की तरह है। यह जिस तरह का जीवन जीते हैं बिलकुल वैसा ही दूसरों के सामने रखते हैं। इन्होंने लेखन क्षेत्र के हर रंग को बहुत करीब से देखा है। इनकी किताबों में इतनी विविधता है कि इनके विचार आपके भविष्य को बेहतर बनाने के साथ जिदंगी को खुशहाल भी बना सकते हैं। 37 पुस्तकों के साथ इनकी लगभग 1000 रचनाएं विभिन्न समाचार पत्रों, पत्रिकाओं में प्रकाशित हो चुकी हैं। जौली अंकल एक ऐसे अनूठे लेखक हैं कि उनकी हर पुस्तक पढ़ने वालों पर प्रभावशाली असर डालती है। इन्होंने लेखन की जो शैली अपनाई है उसने अनगिनत लोगों के दृष्टिकोण को एक नई दिशा प्रदान की है। इनके बारे में देश–विदेशों में इतना कुछ कहा जा चुका है कि अब तो कुछ भी बोलने के लिये अल्फाज़ कम पड़ते हैं। इनकी किसी भी पुस्तक के बारे में बात की जाये तो हर किताब एक से बढ़ कर एक है। इनके द्वारा हिंदी भाषा में लिखी हुई लोकप्रिय पुस्तकें अब देश–विदेश में इंग्लिश, पंजाबी, बंगाली, मराठी एवं गुज़राती भाषा में भी पंसद की जा रही हैं। पाठकगण जानते हैं कि जौली अंकल की पुस्तकें, वीडियो न सिर्फ उन्हें हमेशा दुनिया से आगे चलने के लिये प्रेरित करती हैं, बल्कि उनके जीवन को भी रोशन करने में बहुत मददगार साबित होती हैं। इनका हर सकारात्मक विचार दौलत कमाने के साथ सुख, सृमिद्व और सफलता पाने के लिये एक हथियार की तरह काम करता है। इसीलिये शायद सभी पाठक इन से जुड़ना चाहते हैं। इनका मानना हैं कि जिदंगी में असफलता नाम की कोई चीज़ नहीं होती। जिस तरह डॉक्टर, वकील अपने पेशे में 'प्रैक्टिस' करते हैं बिलकुल ठीक उसी तरह हमें भी जीवन को खुशहाल बनाए रखने के लिये लगातार अभ्यास यानी 'प्रैक्टिस' करते रहना चाहिए। यह एक छोटा सा सुझाव किसी की भी जिदंगी में मनचाही दौलत कमाने के लिये प्रेरित कर सकता है। जौली अंकल अपने पाठकों को शुभकामनाएं देते हुए अक्सर कहते हैं कि अपनी सोच, दूरदृष्टि (विजन) को जितना बड़ा बना सकते हो उतना विशाल बनाओ। आपकी यही बड़ी सोच आपके हर लक्ष्य को हकीकत बना सकती है। जौली अंकल को अनेक देश–विदेश के प्रतिष्ठित सम्मानों एवं पुरस्कारों से सम्मानित किया जा चुका है।

विषय सूची

.1.

बड़ी सोच से बड़ी कमाई

क्या कभी किसी भूखे व्यक्ति से यह पूछने की जरूरत होती है कि रोटी कैसे बनाई जाती है। खाना खाने की शुरुआत कहाँ से करते हैं। एक भूखे इंसान को कभी यह नहीं समझाना पड़ता कि रोटी कहां मिलती है और कैसे खाई जाती है। बिलकुल ठीक इस प्रकार से जब हमारे अदंर पैसा कमाने की भूख जागती है तो उसके बाद हमें दाएं–बाएं देखने की जरूरत नहीं पड़ती। अब भूख और रोटी की बात चली है तो हम आपको एक ऐसे ढाबे के बारे में बताना चाहेंगे जो पूरे उत्तर भारत में सबसे मशहूर है। इस ढाबे का नाम है अमरीक–सुखदेव ढाबा। यह दिल्ली से थोड़ी दूरी पर मुरथल–हरियाणा में स्थित है। कहने को यह साधारण सा ढ़ाबा है लेकिन इसका खाना और सुविधाएं 5 सितारा होटलों से किसी तरह से भी कम नहीं हैं। देश–विदेश से आने वाले ग्राहक कई बार अपनी बारी का काफी देर तक इंतजार करते हैं लेकिन वो आसपास के होटलों में जाना पसंद नहीं करते। क्या आप अंदाजा लगा सकते हैं कि एक ढाबे से कोई कितना पैसा कमा सकता है। आपको जानकर हैरानगी होगी कि कुछ समय पहले इनके मालिक ने एक इन्टरव्यू में बताया था कि उनकी सालाना कमाई 60 करोड़ रुपये से अधिक की है। इस एक छोटे से उदाहरण से यह बात समझ आ जाती है कि काम कोई भी छोटा या बड़ा नहीं होता। हम कोई भी व्यापार शुरू कर के उसे धीरे–धीरे आगे बढ़ा सकते हैं। हमारे देश की आबादी इतनी अधिक है कि हर तरह के बिजनेस को करने की बहुत गुंज़ाइश है। हम कौन हैं, हमारी पढ़ाई–लिखाई कितनी है, ग्राहक को इन बातों से कोई फर्क नहीं पड़ता। उसे तो सिर्फ हमारे उत्पाद या सेवा से मतलब होता है कि

वो कितनी अच्छी और फायदेमंद हैं। अब अगर पैसा कमा कर अमीर बनना है तो उसके लिए सिर्फ सोचने से काम नहीं चलेगा। जो लोग सोच–विचार से आगे बढ़ कर पैसा कमाना शुरू कर देते हैं वो एक दिन बहुत जल्द अमीर भी बन जाते हैं। आज तक कोई भी रईस किस्मत या भगवान के भरोसे बैठ कर धनवान नहीं बन पाया। साधारण से असाधारण व्यक्ति यानी अमीर बनने के लिए हमें अपनी सोच, आदतें और स्वभाव को भी समय के मुताबिक बदलते रहना चाहिए। हमें हर छोटी–बड़ी बात को गहराई से समझने की जरूरत होती कि कौन सी बातें हमें रईस बनने से रोक सकती हैं। कौन सी ऐसी आदतें हैं जो हमें दौलतमंद बनाने में मददगार साबित हो सकती हैं। इन सभी बातों का विश्लेषण करने के बाद हमें अपनी कुछ आदतों को छोड़ कर अपना व्यवहार बदलना होगा। आपने भी अपने आसपास कुछ लोगों को जरूर देखा होगा कि जब कभी उनसे हालचाल पूछो तो बहुत ही ढीला–सा जवाब मिलता है बस चल रहा हैं। जिदंगी के बारे में बात कर लो फिर मरी हुई जुबान से जवाब आएगा कि बस कट रही है। ऐसे लोग कभी भी आगे बढ़ने के बारे में न तो सोचते हैं न ही कभी हिम्मत जुटा पाते हैं। अब जो व्यक्ति अपने लिए ही कुछ नहीं कर सकता तो दूसरे भी उसकी कितनी मदद कर पाएंगे। अमीर बनने के सपने को सच करने के लिए सबसे जरूरी है कि हम हर दिन कुछ नया सीखने एवं समझने का प्रयास करें। जैसे–जैसे हमारी जानकारी बढ़ेगी हमारी सोच भी उसी तेजी से बढ़ने लगती है। इसका एक और फायदा यह होता है कि हम दौलत कमाने के साथ भविष्य में आने वाली चुनौतियों से मुकाबला करने के लिए भी और अधिक मजबूत हो जाते हैं। आईये अब इसी मुद्दे से जुड़े कुछ और महत्त्वपूर्ण पहलूओं पर विचार करते हैं, जिससे बड़ी सोच से होने वाले करिश्मों को बेहतर तरीके से समझा जा सके।

अपने सपनों को पूरा करना बेशक नामुमकिन हो लेकिन वो सबसे बड़े सपने होने चाहिए :–

- अधिक पैसा कमाने के लिए हमें समय के साथ अपनी औकात को तो बढ़ाते रहना चाहिए।

- कोई भी रईस अपने व्यापार के राज़ अपने सबसे खास दोस्त को भी नहीं बताते।
- बेशुमार धन–दौलत कमाने के लिए अपने दिमाग से दोस्ती करना बहुत जरूरी है।
- रईसी से जिदंगी जीने वाले कभी भी साधारण जीवन जीने के बारे में सोचते ही नहीं।
- हमारी जेब में पैसे हों या न हों लेकिन हमारी सोच और लक्ष्य हमेशा बड़े होने चाहिए।
- आस–उम्मीद रखना अच्छी बात है लेकिन 'कर्म' करना सबसे अधिक महत्त्वपूर्ण होता हैं।
- सच में रईस बनना चाहते हो तो आज से ही अपनी झूठी तारीफ पर खुश होना बंद कर दो।
- अमीर लोग अपनी जुबान को इतना मीठा रखते हैं कि मिर्ची भी आसानी से बेच लेते हैं।
- कभी भी दूसरों के बारे में मत सोचो। अपना सारा ध्यान सिर्फ अपने काम पर केन्द्रित कर के रखो।
- जब तक हम खुशियों से दोस्ती नहीं कर लेते तब तक दुख–दर्द हमें परेशान करते ही रहेंगे।
- रईस लोग अपने दिमाग में सिर्फ ऐसे बीज़ डालते हैं जो आने वाले समय में भरपूर लाभ दे सकें।
- दौलत तो कई लोग कमा लेते हैं लेकिन लगातार दौलत कमाने की चाहत में ही असली मजा है।
- हमारा दिल और दिमाग जिस बात को मान लेते हैं उस लक्ष्य को पाना काफी आसान हो जाता है।
- हमारे दिमाग के पास इतनी ताकत है कि वो हमारी हर समस्या को आसानी से हल कर सकता है।
- सबसे सुस्त लोग भी जब रेस खेलने जाते हैं तो वो जीतने के लिए सबसे तेज घोड़े को ही चुनते हैं।
- अगर हम तय समय सीमा में अपना कार्य पूरा नहीं कर पाते तो उस व्यापार से लाभ नहीं कमा पाएंगे।

- जिदंगी में इतना पैसा तो जरूर कमाना चाहिए कि कोई भी साधारण इंसान हमें अनदेखा न कर पाये।
- धनी लोग हमेशा 'आज' की बात करते हैं वो पैसा कमाने के लिए भविष्य के ख्याली पुलाव नहीं पकाते।
- अमीर लोग बहुत कुछ जानते हुए भी हमेशा ऐसे व्यवहार करते हैं कि जैसे वो अभी कुछ भी नहीं जानते।
- कुछ लोगों के बैंक खाते में बेशक बहुत पैसे नहीं होते लेकिन वो फिर भी दिल के बहुत अमीर होते हैं।
- वॉरेन बफेट दुनिया के सबसे अमीर इंसान आज भी अपना 80 प्रतिशत समय किताबें पढ़ने में गुजारते हैं।
- अधिक जानकारी होना अच्छी बात है लेकिन अधिक जोश से काम करने वाले जल्दी कामयाब हो जाते हैं।
- पैसा कमाने के बाद जो मान–सम्मान मिलता है उसके असल हकदार हम नहीं बल्कि हमारा पैसा होता है।
- साधारण इंसान भी अगर हर दिन कुछ बेहतर करने की कोशिश करे तो वो भी अच्छी कमाई कर सकता है।
- एक मूर्ख इंसान के पास भी यदि कोई अच्छी योजना है तो वो पढ़े–लिखे लोगों को भी बेवकूफ बना सकता है।
- पढ़ाई करना अच्छी बात है लेकिन उस पढ़ाई से कुछ नया सीख कर पैसा कमाना बहुत अच्छी बात होती है।
- हमें सिर्फ वही काम करने चाहिए जो हमारी कमाई बढ़ाने के साथ हमें हमारे लक्ष्य के करीब ले जा सकें।
- दुनिया वाले यह नहीं देखते कि हम कल तक क्या थे वो तो सिर्फ इतना देखते हैं कि आज हमारी क्या हस्ती है।
- हम क्या चाहते हैं इससे अधिक यह महत्त्वपूर्ण होता है कि हमारा दिमाग क्या सोचता है और क्या करना चाहता है।
- आजकल के कुछ युवा खुद पैसे कमाने की बजाए अमीर लोगों के पैसे पर मौज–मस्ती करना अधिक पसंद करते हैं।
- हमारा पैसा हमारे हाथ और पैरों की तरह है इसका जितना ज्यादा इस्तेमाल करेगे उतना ही अधिक आगे बढ़ पायेगे।

- दौलत कमाते समय कभी भी जल्दबाजी नहीं करनी चाहिए जितना धैर्य से चलेंगे उतना अधिक धन कमा पायेंगे।
- बॉस से कभी भी बहस नहीं करनी चाहिए क्योंकि वो सही हो या गलत आखिर में हुक्म तो उन्हीं का ही चलेगा।
- दौलतमंद लोग यह बात सदा याद रखते हैं कि पैसा कमाने के लिए बातों से नहीं रातों से जंग लड़नी पड़ती है।
- हम चाहे व्यापार करते हो या नौकरी परंतु हम सभी को अपनी कमाई का एक अतिरिक्त स्त्रोत जरूर रखना चाहिए।
- दौलत तो हर आदमी कमाता है लेकिन हम कितना धन कमा सकते हैं यह सिर्फ अपना विश्वास ही हमें बताता है।
- यह सच है कि आज का दौर दिखावे का है लेकिन दिल से पैसा कमाना चाहते हो तो सादगी का साथ मत छोड़ना।
- रईस लोग बेवकूफ दोस्तों के साथ दोस्ती रखने की बजाए एक वफादार कुत्ते को अपना साथी बनाना अच्छा समझते हैं।
- जब तक हमारे पास हर दिन अपने आप पैसा आना नहीं शुरू हो जाता उस समय तक लगातार काम करते रहना चाहिए।
- आज का दिन कल से बहुत खूबसूरत है इसलिए जहां तक हो सके आज के दिन को कल से बहुत बेहतर बनाना चाहिए।
- प्रयोग और प्रयास हमारी जिदंगी का अहम हिस्सा है इसलिए धनवान बनने के लिए हर दिन इन पर कार्य करते रहना चाहिए।
- हमारा दिमाग सिर्फ सुनहरी सपनों को संजोने के लिए बना है इसलिए कभी भी उस में नकारात्मक विचारों को जगह मत दो।
- खाली दिमाग शैतान का घर होता है, इसलिए यदि पैसा कमाना हैं तो हर समय कुछ नया करने के प्रयास करते रहना चाहिए।
- धनवान लोग बिना लड़ाई–झगड़ा किये अपनी करीबी लोगों को खत्म करने के लिए उनके सामने हर समय मुस्कुराते रहते हैं।
- अगर कोई हमारा जुनून देख कर हमें दीवाना कहता हैं तो उसे कहने दो, क्योंकि दीवानें पागलों से बहुत अधिक अच्छे होते हैं।
- अमीर लोग जानते है कि जो काम दूसरे लोग कर रहे अगर हम भी सारी उम्र वही करते रहेंगे तो कभी भी पैसा नहीं कमा पाऐंगे।

- वॉरेन बफेट जितना ध्यान अपनी कमाई पर केंद्रित करते हैं उतना ही दान देने में, वह अभी तक 25 अरब डॉलर दान दे चुके हैं।
- अमीर लोग हर समय मौके की तलाश में रहते हैं क्योंकि उन्हें मालूम है कि समय, मौत और ग्राहक हमेशा बिना बताए ही आते हैं।
- अंहकार और अभिमान में फर्क होता है अमीर बन कर गर्व करना तो ठीक है लेकिन कभी भी पैसे का अहंकार नहीं करना चाहिए।
- हम इस दुनिया में सिर्फ काम करने और पैसा कमाने के लिए नहीं आए, हमें उस पैसे से खुशियों का आनंद भी लेते रहना चाहिए।
- हमें हर दिन खुद से एक सवाल जरूर पूछते रहना चाहिए कि क्या हम जो सबसे बेहतर कर सकते हैं वो काम कर रहे हैं या नहीं।
- किताबों में और बड़े–बुर्जुगों में कुछ खास फर्क नहीं होता, किताबें जिदंगी के सबक पढ़ाती हैं, बुर्जुग वही सबक प्यार से सिखाते हैं।
- रईस लोग यह जानते हैं कि हमारी जिदंगी कभी भी हमें धोखा दे सकती है इसलिए जो कुछ करना चाहते तो उसे तुरंत कर डालो।
- कुछ लोग बेकार की चीजें डाल कर दिमाग को भर देते हैं जबकि बुद्धिमान लोग उसमें चिंगारी जला कर सारी दुनिया को रोशन कर देते हैं।
- अमीर लोग अपनी कमाई का लक्ष्य तय करने के बाद, कभी अगर कोई परेशानी आ जाये तो वो पैसा कमाने के तरीके बदल लेते हैं।
- कहने को शेर जगंल का राजा है लेकिन इंसान का दिमाग उसे भी अपने इशारों पर नचाता है, ऐसे में दौलत कमाना कौन–सा कठिन काम है।
- जिस प्रकार एक बीज जमीन में डालने से सैकड़ों फल मिल जाते हैं ठीक उसी तरह थोड़ा बहुत दान कर के बहुत कुछ प्राप्त किया जा सकता है।
- पैसा कमाने के लिए मेहनत करना अच्छी बात है, लेकिन हर दिन अपने दिलो–दिमाग को तेज–तरार बनाए रखने के लिए जरूर कुछ समय निकालते रहें।
- रईस लोगों के मन में हर समय कुछ अनूठा करने के साथ पैसा कमाने की भूख होती है। इसलिए वो कभी भी बेकार की बातों में समय बेकार नहीं करते।

- अपनी जिदंगी को तो हर कोई बेहतर बना लेता है, लेकिन असली मज़ा तभी आता है, जब हम किसी दूसरे के भविष्य को भी बेहतर बनाने में मदद कर पायें।
- बुद्धिमान लोग सीढ़िया उतरते समय हर कदम सोच–समझ कर रखते हैं क्योंकि वो जानते हैं कि एक कदम भी गलत पड़ते ही मौत से मुलाकात हो सकती है।
- दौलत आते ही कई लोग बेवजह दूसरों का मज़ाक उड़ाना शुरू कर देते हैं लेकिन ऐसा करने से उनकी जिदंगी को खराब होने में अधिक समय नहीं लगता।
- विद्वान लोग दूसरों को तो समझाते हैं कि पैसा ही सभी बुराइयों की जड़ है, लेकिन फिर भी न जाने वो लोग खुद सारी उम्र पैसे के पीछे क्यों भागते रहते हैं।
- आम लोग गर्दन से नीचे वाले हिस्से यानी शरीर का अधिक ख्याल करते हैं, जबकि अमीर लोग गर्दन से ऊपर वाले हिस्से यानी दिमाग की देखभाल करते हैं।
- अमीर लोग अपने दिमाग में हर समय सकारात्मक विचार डालने की कोशिश करते रहते हैं क्योंकि उन्हें मालूम है कि इन्हीं से हमारी जिंदगी में करिश्में होंगे।
- हमारे पास बेशक कितनी भी धन–दौलत क्यों न आ जाये लेकिन उसका कभी भी गुरूर नहीं करना चाहिए क्योंकि इसमें मेहनत बेशक हमारी है लेकिन मिली प्रभु कृपा से ही हैं।
- धनी लोग हमेशा खुद को खुश रखने की कोशिश करते हैं क्योंकि उनका यह मानना है कि जब वो खुश होंगे तो उनके साथ काम करने वाले, उनके ग्राहक सभी खुश रह पाएंगे।

❍

.2.

धनवान कैसे बनें

हर आदमी अमीर बनना चाहता है। हम सभी की ख्वाहिश होती है कि हमारे पास भी अधिक से अधिक दौलत हो। लेकिन कई बार खूब मेहनत करने के बाद यह सपना, एक सपना बन कर ही रह जाता हैं। ज्ञानी, विद्वान सभी लोग कहते हैं कि जीवन को बदलना है तो अपनी सोच बदलो। हमारे सभी धार्मिक ग्रंथों में यही बात अनेकों बार कही गई हैं। आखिर सोच बदलने से क्या होता है। सोच बदलना जीवन में क्यों जरूरी है। क्या कोई व्यक्ति सिर्फ सोच बदल कर फर्श से अर्श तक पहुंच सकता है। सोच के बारे में गहराई से सोचो तो यह बात बिलकुल साफ हो जाती है कि हमारा दिमाग उसी तरह से काम करता है जैसा कि हम सारा दिन सोचते रहते हैं। हम किसी भी चीज को जिस नजरिये से देखते और समझते हैं हमारा मन और मस्तिष्क उसे उसी तरह से स्वीकार करने लगते हैं। उसके बाद उस चीज को पाने के लिए वो अपनी सारी ऊर्जा उसमें लगाना शुरू कर देते हैं। नतीजतन हमारी सोच के मुताबिक ही हमें हमारे कर्मों के परिणाम मिलते हैं। आज के हालात में एक बात तो सभी को समझ आती है कि हमें जो कुछ भी करना है, वो हमें खुद ही करना होगा। हर व्यक्ति अपने जीवन में इतना व्यस्त और उलझा हुआ है कि वो किसी दूसरे की मदद करने के बारे में सोच भी नहीं सकता। वैसे भी आजकल हर किसी की सोच इस तरह से बन गई हैं कि लोग हमें आगे बढ़ने के लिए तो कहते हैं लेकिन दिल से कोई नहीं चाहता कि हम उनसे आगे बढ़ पाएं। ऐसी परिस्थितियों में गरीबी की दलदल में से निकल कर रईस बनने के ख्वाबों को कैसे असलियत में तबदील किया जाये। अभी तक के अनुभव के आधार पर हम एक

बात पक्के तौर से कह सकते हैं जिदंगी में आगे बढ़ने के सबक कुदरत से बढ़ कर और कोई नहीं सिखा सकता। यदि हम कुदरत को अपना गुरु मान लें तो हमें अपनी हर समस्या का हल मिल जाएगा। जहां तक अमीर बनने की बात है तो कुदरत हमें सिखाती है कि अपनी क्षमता का पूर्ण रूप से उपयोग करना सीखों। जिस प्रकार एक पेड़ अपनी क्षमता के मुताबिक ऊंचाइयों को छूता है। वो जितना अधिक से अधिक फल दे सकता है वो हमें देता है। एक पेड़ को भी अपने जीवन काल में कई बार आंधी और तूफानों का मुकाबला करना पड़ता है। लेकिन वो सभी प्रकार की परिस्थितियों में डट कर खड़ा रहता है। क्योंकि वो जानता है कि जिंदा रहना काफी मुश्किल है लेकिन यह तूफान कुछ देर में गुजर जाएगा। बिलकुल ठीक हमें भी इसी तरह से सोचना होगा। वक्त चाहे कैसा भी हो, आगे बढ़ने का जज्बा कम नहीं होना चाहिए। अपने सभी गुणों और शक्तियों को समय–समय पर अच्छे से परखते रहने के साथ हमें उनका अधिक से अधिक इस्तेमाल करना होगा। पैसा कमाने की राह में जब कभी भी कोई अड़चन दिखाई दे तो उस समय थोड़ी देर के लिए अकेले बैठ कर मनोविश्लेषण करना चाहिए। यही एक छोटा सा मंत्र हमारे जीवन को खुशहाल और स्वर्ग की तरह संवार सकता है। आईए अब यह जानने की कोशिश करते हैं कि किस तरह से अपनी सोच को बदल कर धन–दौलत कमाने के सपनों को साकार किया जा सकता है।

अमीर लोगों की सोच बाकी सारी दुनिया की सोच से अलग होती है :–

- सोच बदलने के लिए सबसे पहले अपनी काबिलियत पर विश्वास रखना सीखो।
- रईस बनना चाहते हो तो उन्हीं की तरह सोचो, वैसी ही बातें और व्यवहार करो।
- यदि हमारा आत्मविश्वास दृढ़ है तो हम जितनी दौलत कमाना चाहें कमा सकते हैं।
- मजबूत मानसिकता वाले लोग कभी भी दूसरों के सामने अपने दुखड़ों का रोना नहीं रोते।

- हमारा अपना भरोसा ही यह तय करता है कि हम अपनी मंजिल तक पहुंच पाएंगे या नहीं।
- हमारी जिदंगी में कोई खास कारण हो या न हो लेकिन हर दिन खुश तो रह ही सकते हैं।
- हमारे सिर्फ वही कर्म सफल होते हैं जिसमें हमारा तन और मन एक साथ प्रयास करते हैं।
- रईस लोग हर वक्त अपने नजरिये पर नज़र रखते हैं वो उसे कभी भी छोटा नहीं होने देते।
- जीवन में लगातार आगे बढ़ने से ही हमें अपने गुणों और क्षमताओं का बोध होता है।
- हमारे काम करने और पैसा कमाने में हमारे दिमाग की सबसे अहम भूमिका होती है।
- धनवान बनना है तो कभी भी अपनी सोच और कमाई को किसी सीमा में मत बांधो।
- हमारे सिवाए दूसरा कोई भी व्यक्ति हमारी कामयाबी की सीमा तय नहीं कर सकता।
- करोड़पति लोगों जैसी सोच बनाने के लिए हमें एक पैसा भी खर्च नहीं करना पड़ता।
- वो इंसान सबसे धनवान है जो कम से कम चीजों के साथ भी पैसा कमाना जानता है।
- रईस बनने के लिए जरूरी है कि दिमाग को हमेशा ठंड़ा और हाथ–पैरों को गर्म रखो।
- विचारों को बदलने से सिर्फ हमारी जिदंगी ही नहीं सारे संसार को बदला जा सकता है।
- जीवन में खुशियों की चाह बढ़ाने से ही हम और अधिक पैसा कमाने के लिए प्रेरित होते हैं।
- बुद्धिमान रईस लोग सुखों का आनंद लेने के साथ दुखों को भी दूर रखने का हुनर जानते हैं।
- हमारे खाने–पीने और जिदंगी जीने का ढंग सिर्फ हमारी सोच और विचारों पर निर्भर करता है।

- हमारा स्वभाव और गुण ही हमें दूसरे लोगों से अलग पहचान दिलवा कर अमीर बना सकते हैं।
- हम कब तक अमीर बन पाएंगे यह सब कुछ हमारी इच्छा, लक्ष्य और नीयत पर निर्भर करता है।
- रईस बनने के लिए सिर्फ किताबी ज्ञान ही नहीं बल्कि जीवन का ज्ञान भी बहुत जरूरी होता है।
- हम आज कहाँ हैं इस बात को भूल कर सदैव यह याद रखो कि हमें किस लक्ष्य तक पहुंचना है।
- अपने दिमाग का अधिक से अधिक इस्तेमाल करने से ही हम कमाई के नये रास्ते खोज सकते हैं।
- जिन लोगों के पास सकारात्मक सोच होती है उन्हें कोई भी ताकत अमीर बनने से नहीं रोक सकती।
- आखों से हम बहुत कुछ देखते हैं लेकिन जो कुछ हमारा दिमाग देखता है, वही हकीकत बन पाता है।
- इस धरती पर हमें कामयाब बनाने के लिए अगर कोई सबसे ताकतवर चीज है, तो वो है हमारा दिमाग।
- यदि हम अपने व्यापार को लगातार ठीक से नहीं चला पाते तो किस्मत भी हमारा साथ देना छोड़ देगी।
- रईस बनना हो तो फिर अमीरी और अमीर लोगों के प्रति कभी भी नकारात्मक विचार नहीं रखने चाहिए।
- आज के समय में हम सभी बहुत जल्द अमीर तो बनना चाहते हैं लेकिन कुछ भी बड़ा सोचने से डरते हैं।
- हर महीने इतना पैसा तो जरूर कमाना चाहिए कि हमें किसी भी तरह के बिल देने की चिंता न करनी पड़े।
- अगर हम सही ढंग से सपने देखने की शक्ति रखते हैं तो हम को रईस बनने से कोई नहीं रोक पाएगा।
- नाम हो या शौहरत, जिस चीज़ के बारे में हम लगातार सोचते हैं वही हमारे स्वभाव का हिस्सा बनने लगती है।
- अमीर दिखना और अमीर बनने में बहुत फर्क होता है इसलिए हमें सदा अमीर बनने की कोशिश करनी चाहिए।

- दूसरों से अधिक अमीर बनना हैं तो दूसरों की लकीर को छोटा करने की बजाए अपनी लकीर बड़ी करना आना चाहिए।
- अमीर लोग कभी भी यह नहीं सोचते कि यह काम मुझसे नहीं होगा या इसे करने पर दुनिया वाले क्या कहेंगे।
- मनचाही दौलत कमाने के लिए अपने जीवन के हर नये दिन को सबसे बेहतर बनाने की कोशिश करनी चाहिए।
- दुनिया के अधिकतर सबसे सफल एवं अमीर लोग सिर्फ अपनी सोच और नजरिये के दम पर ही रईस बन पाये हैं।
- समय–समय पर अंदरूनी सोच को बदलते रहना चाहिए क्योंकि उसी के मुताबिक ही हमारी बाहरी सोच बनती है।
- जब तक हम दूसरों को खुश करने में लगे रहेंगे उस समय तक अपने लिए कभी भी कोई बड़ा निर्णय नहीं ले पाएंगे।
- हम अपनी पसंद की जिस किसी भी वस्तु को दिल से चाहना शुरू कर दे वो बहुत जल्द हमारे पास आ सकती है।
- यदि हमारे दिमाग में हर समय पैसे का लालच ही घूमता रहता है तो हम किसी भी व्यापार में सफल नहीं हो सकते।
- अगर हम चाहते हैं कि लोग हमारे बारे में सोचें और बात करें तो सबसे पहले हमें अपनी सोच को बड़ा करना होगा।
- जीवन के सफर में हर दिन आगे बढ़ते रहो क्योंकि पैसा मिले या न मिले परंतु अनमोल अनुभव जरूर मिलता रहेगा।
- अपने पैसे का सही ढंग से उपयोग करने के लिए हमें अपनी कमाई के साथ सोच को भी बड़ा करते रहना जरूरी होता है।
- हमारा दिमाग काम कैसे करता है इसे जितनी बार जानने की कोशिश करो उतनी बार कुछ नया सीखने को मिलता है।
- हमारा दिमाग सिर्फ वही सदेंश समझता है जो हम उसे देते हैं, इसलिए हमेशा अपने दिमाग में सकारात्मक विचार ही डालें।
- तकदीर की लकीरों को बदल कर दौलत कमानी है तो उसके लिए कष्ट सहने के साथ बहुत मेहनत भी करनी पड़ती है।
- हमें अपना व्यक्तित्व इतना प्रभावशाली बनाना चाहिए कि हमारे दोस्तों को हमारे बिना सारा जग सूना–सूना सा लगने लगे।

- जिदंगी में जब भी कुछ करने की सोचो तो हमेशा कुछ बड़ा करने की ही सोचो क्योंकि सोचने पर कोई टैक्स नहीं लगता।
- हम चाह कर भी दूसरों को कभी खुश नहीं कर सकते, इसलिए अपना सारा ध्यान अपने पैसा कमाने वाले लक्ष्य पर ही रखो।
- जो लोग अपने दिमाग को जितना अधिक जागृत करने में सफल हो जाते हैं वो उतना ही अधिक उससे लाभ उठा पाते हैं।
- इस दुनिया में हम अकेले ही आए थे, इसलिए अपने भाग्य को बदलने के लिए दूसरों पर निर्भर होने की जरूरत नहीं होती।
- कोई ज्योतिषी हमारे भविष्य का सही अनुमान नहीं लगा सकता, अपने भविष्य को संवारने का काम हमें खुद ही करना पड़ता है।
- दौलत कमाने से जुड़े किसी भी नये विचार को समझना शुरू करो तो उस समय बाकी सारी दुनिया को भूल जाना चाहिए।
- अमीर लोगों का मानसिक संतुलन इतना मजबूत होता है कि वो किसी भी समस्या को अपनी जिदंगी में हावी नहीं होने देते।
- यह सच है कि सुपर कम्प्यूटर बहुत बड़े करिश्में कर सकता है, परंतु उसे बनाने और चलाने वाला भी एक इंसानी दिमाग ही है।
- जवानी के दिनों जब तक बहुत सारे कष्ट सहने के साथ पसीना न बहाया जाये उस समय रईस बनना काफी कठिन होता है।
- हमें अपना व्यक्तित्व इतना प्रभावशाली बनाना चाहिए कि जो भी जीवन में एक बार मिले वो हमारे बारे में सोचने को मजबूर हो जाये।
- आज हम बेशक किसी कम्पनी के मालिक नहीं हैं लेकिन अपनी जिदंगी के मालिक तो हैं, उसे बदलने से हमें कोई नहीं रोक सकता।
- सोच को बदलने का सबसे आसान तरीका एक ही है कि उन लोगों के साथ दोस्ती रखो तो पहले से ही काफी दौलत कमा चुके हैं।
- जो कुछ आज किस्मत ने हमें दिया है, अगर उससे अधिक पाना हैं तो हालात के साथ जीवन में कई बदलाव भी जरूर करने पड़ेंगे।
- अक्सर हम कम्प्यूटर को सबसे तेज मशीन मानते हैं, परंतु असल में हमारा दिमाग उससे भी कहीं अधिक तेज काम कर सकता है।
- सिर्फ नाम कमाने या यश पाने की मंशा रख कर कभी कोई काम नहीं करना चाहिए क्योंकि यह सोच हमें कभी सफल नहीं होने देगी।

- परिस्थितियाँ तो हमेशा ही बदलती रहती हैं, यह हमारी काबिलियत पर निर्भर करता है कि हम अपनी सोच को कैसे संतुलित रख पाते हैं।
- बड़ी सोच वाले जानते हैं हर काम पैसे के लिए नहीं करना चाहिए कई बार दूसरों की मदद करने से भी अच्छी कमाई की जा सकती है।
- दूसरे लोग जब मौज–मस्ती में अपना समय गुजार रहे हों उस समय कुछ रचनात्मक कार्य कर के हम अपनी किस्मत को बदल सकते हैं।
- बात पैसा कमाने की हो या किसी बड़े लक्ष्य को हासिल करने की, हमारी जिद्द और जुनून दिमाग से हर काम करवाने की ताकत रखते हैं।
- नसीब बदलने के लिए जिदंगी में खुशियाँ खुद ही पैदा करनी पड़ती हैं क्योंकि यह न तो बाजार में और न ही किसी से उधार में मिलती हैं।
- हम सच में अगर करोड़पति बनना चाहते हैं तो हमें पहले दिन से ही इस तरह की शुरुआत करनी होगी जिससे हमारे परिवार को हम पर गर्व हो।
- परिस्थितियों को बदलने में ताकत लगाना बेकार है, क्योंकि उससे कहीं कम प्रयास करके हम अपनी सोच को बदल कर बेहतर नतीजे पा सकते हैं।
- पहली बार में कभी किसी को अपना लक्ष्य साफ दिखाई नहीं देता इसलिए जहां तक देख पा रहे हो वहां तक जाओ, उसके बाद आगे की मंजिल साफ दिखाई देगी।
- किस्मत बदलने के लिए सच्ची प्रेरणा सिर्फ उन्हीं लोगों से मिल सकती है, जो सैंकड़ों बाधाओं के बावजूद भी आसमान की बुलदियों को छू पाये हैं।
- भाग्य को बदलने के लिए सबसे पहले हमें अपने मन से असफलता के डर को खत्म करना चाहिए, उसके बाद पूर्ण एकाग्रता के साथ आगे बढ़ना चाहिए।

- अमीर बनने के लिए सबसे अधिक अपने दिमाग का इस्तेमाल करना चाहिए क्योंकि सफलता पाने के लिए इससे बड़ा दूसरा कोई औजार नहीं हो सकता।
- लोग पहाड़ों की चोटियों पर इसलिए चढ़ते हैं, ताकि वो सारी दुनिया को देख सकें, कोई दूसरा उन्हें देखे या न देखे इससे उनको कोई फर्क नहीं पड़ता।
- सबसे धनी लोग यह नहीं सोचते कि उन्होंने कितना पैसा कमाया है, वो यह भी सोचते हैं कि उनकी आने वाली पीढ़ियां आगे चल कर कितना पैसा कमा पायेगी।
- भगवान ने, न तो हमारी सोच और न ही पैसा कमाने की कोई सीमा तय की है, इसलिए अब यह हमारे ऊपर निर्भर करता है कि हमें कितनी दौलत कमानी है।
- जिस प्रकार लोहे को जंग के सिवाए कोई नष्ट नहीं कर सकता ठीक उसी तरह हमारे जीवन को हमारे नकारात्मक विचारों के अलावा कोई नहीं बर्बाद कर सकता।
- आज तक हमारी सोच चाहे कैसी भी हो लेकिन कुछ दिनों के अभ्यास से अपनी सोच को इतना बड़ा बना सकते हैं जो हमें हर समय पैसा, आलिशान घर और मंहगी गाड़ियों की हकीकत तक पहुंचा सकती है।

❍

.3.
पैसे की ताकत

आज के समय में पैसे की ताकत को समझना हो तो उसके लिए यह एक लाईन ही काफी हैं। पैसे के अदंर न जाने कैसी ताकत है कि उसके सामने किसी को सच या झूठ नहीं दिखता लेकिन पैसे के आगे हर किसी का सिर झुकता हैं। सदियों से एक बात सुनते आ रहे हैं कि 'बाप बड़ा न भैया, सबसे बड़ा रुपया।' पैसा किसने और कब बनाया इस बारें में तो कुछ ठीक से नहीं कहा जा सकता। लेकिन जब से पैसा इस दुनिया में आया है हर कोई इसी का गुणगान करता रहता है। कई बार यह सोच कर हैरानगी होती है कि जब पैसा नहीं था तो उस समय इंसान का जीवन कैसा रहा होगा। इतिहास के पन्ने बताते हैं कि जब तक पैसे का जन्म नहीं हुआ था उस समय तक लोग सामान की अदला–बदली कर के अपना काम चलाते थे। जिसके पास जो कुछ होता था वो उसे दूसरे लोगों को दे कर अपनी जरूरत का सामान उनसे ले लेता था। कुछ समय बाद इंसान ने जिदंगी को आसान बनाने के लिए पैसा बनाया। जैसे–जैसे पैसे का इस्तेमाल बढ़ना शुरू हुआ तो हर व्यक्ति इसके मोह जाल में फंसता चला गया। हमें यह तो नहीं मालूम कि हमारा जन्म किस लिए हुआ था, प्रभु ने किस कारण से हमें इस धरती पर भेजा था। लेकिन आज चारों और देखें तो सिर्फ एक ही चीज़ दिखाई देती है कि हर इंसान कागज़ के टुकड़े कमाने के लिए भाग रहा है। ऐसा करना हर इंसान की मजबूरी भी है, क्योंकि पैसे में इतनी ताकत है कि वो हमारी हर जरूरत, हमारी हर इच्छा पूरी कर सकता है। किसी व्यक्ति या सरकारी दफ्तर से कोई भी काम करवाना हो तो नोटों की एक झलक दिखाते ही तुरंत हो जाता है। हमें अपनी या अपने परिवार की किसी ख्वाहिश को पूरा करना है तो पैसों के बिना उसकी कल्पना भी नहीं की जा सकती।

कहने का भाव सिर्फ इतना है कि हमारी कोई भी तमन्ना हो, जो कोई पूरी नहीं कर सकता, वो सारे काम पैसा हमारे लिए बड़ी ही आसानी से करवा देता है। बात चाहे बच्चों की पढ़ाई–लिखाई की हो या जीवन में हमारे किसी लक्ष्य को पाने की। इस दुनिया में कोई भी काम ऐसा नहीं है जो पैसे के बिना पूरा हो सके। कुछ लोग पैसे को सभी बुराइयों की जड़ मानते हैं। लेकिन इस बात से इंकार करना मुश्किल हैं कि आरामदेय, शानदार जिदंगी जीने के लिए आलीशान घर, निजी हवाई जहाज, महंगी गाडियां आदि सिर्फ पैसे की बदौलत ही हासिल की जा सकती है। हमारा कोई भी सपना हो उसे सिर्फ दौलत के दम पर ही वास्तविकता में बदला जा सकता है। धन–दौलत की ताकत के बारे में इस बात से सभी भ्रम मिट जाते हैं कि भगवान को भी खुश करने के लिए सिर्फ पैसा ही चढ़ाया जाता है। आज के इस आधुनिक दौर में सोशल मीडिया पर पैसा कमाने के सैकड़ों विज्ञापन देखने को मिलते हैं। ऐसे विज्ञापनों में अक्सर लिखा होता है कि बिना पढ़ाई–लिखाई के घर बैठे लाखों रुपये कमाएं। लेकिन सही ढंग से पैसा कैसे कमाया जाए उस बारे में कोई भी ठीक से जानकारी नहीं देते। पैसा कमाने और जिम्मेदारी से काम करने की सबसे अच्छी प्रेरणा हमें अपनी माँ से मिल सकती है। जिस तरह माँ अपने बच्चे को दिन–रात संभालती है, उसकी देख–भाल करती हैं। छोटा बच्चा बेशक बोल नहीं सकता लेकिन माँ हर समय उसका ध्यान रखती है कि उसे किस समय दूध पिलाना है, किस समय नहलाना है आदि। कहने का भाव सिर्फ इतना सा है कि एक माँ सारी दुनिया को भूल कर सबसे पहले अपने बच्चे की हर जरूरत का ध्यान रखती है। कई बार वो खुद बहुत तकलीफ में होती हैं, परंतु अपने बच्चे को जरा सा भी दर्द नहीं होने देती। बच्चे को अगर थोड़ी सी भी तकलीफ होती है तो वो अपने घर की बड़ी–बुजुर्ग औरतों से सलाह–मशविरा करके उसे ठीक करने की कोशिश करती हैं। माँ कभी भी डर कर या घबरा कर अपने बच्चे को अपने से दूर नहीं करती। वो कभी यह नहीं कहती कि यह मुझसे न होगा। इस बच्चे को पालना मेरे बस का नहीं है, इसे कहीं और छोड़ आओ। हमें भी अगर अमीर बनना है तो हमें चाहिए कि हम अपना स्वभाव अपनी माँ जैसा बना लें। इतनी सी बात सीखने के

बाद हमें अपना व्यापार, बिजनेस अपने बच्चे की तरह लगने लगेगा। हम बेशक कहीं भी हो लेकिन हमारा ध्यान हर समय हमारे कारोबार में ही रहेगा। यही जुनून किसी भी साधारण से व्यक्ति को लखपति ही नहीं करोड़पति बना सकता है। इन बातों को जान कर यह तो समझ आ रहा है कि धन से बढ़ कर कोई किसी का सगा नहीं हो सकता, धन से महत्त्वपूर्ण भी जिदंगी में कुछ नहीं है। अब यह जानने का प्रयास करते हैं कि कुबेर के खज़ाने यानी धन–दौलत और पैसे की अहमियत क्या है।

पैसे में इतनी ताकत है कि वो हमारे हर सपने को सच कर सकता है :–

- जिदंगी में पैसा कमाना और उसे संभालना दोनों ही बहुत जरूरी है।
- पैसे की ताकत को समझने वालों की कोई भी इच्छा अधूरी नहीं रहती।
- हमारी सभी इन्द्रियों को खुश करने की ताकत सिर्फ पैसे में ही होती है।
- दुनिया का हर इंसान पैसे की भाषा बड़ी ही आसानी से समझ लेता है।
- आज के समय में बिना पैसे के दोस्ती, रिश्तेदारी को निभाना नामुमकिन है।
- हर व्यक्ति के जीवन में धन का महत्त्व उसकी जरूरतों के मुताबिक होता है।
- दौलत की कमी हमें सिर्फ बाहर से ही नहीं अदंर से भी कमजोर बना देती है।
- आज के दौर में कामयाबी को आंकने का एक ही थर्मामीटर है और वो है पैसा।
- पैसा कभी किसी को प्यार नहीं करता। फिर भी सारी दुनिया पैसे की दीवानी है।
- अक्सर लोग कहते हैं कि हर बुराई की जड़ पैसा है, तो फिर पैसे की जड़ क्या है।

- आजकल जब तक जेब में पैसे हों तभी तक दोस्त–यार पूछते हैं कि भाई कैसे हो।
- पैसा कमाने से अधिक महत्त्वपूर्ण यह है कि हम उसका सही ढंग से इस्तेमाल करें।
- धन को बचाने वाले जानते हैं कि मुश्किल समय में यही पैसा उनको बचा सकता है।
- पैसा बोल तो नहीं सकता परंतु यह दूसरों की जुबान पर ताला जरूर लगा सकता है।
- जिस तेजी से इंसान तरक्की कर रहा है उससे कहीं अधिक पैसे का महत्त्व बढ़ रहा है।
- धन की असली ताकत काफी कष्ट सहने के बाद होने वाले अनुभव से ही समझ आती है।
- अपने पैसे पर भरोसा रखने से पहले अपने पैसे को भरोसे में रखना अधिक जरूरी होता है।
- पैसा कमाते तो बहुत लोग हैं लेकिन पैसे को संभालने की समझ बहुत कम लोग रखते हैं।
- कुछ लोग पैसा बचाने वालों को कजूंस कहते हैं। असल में यह बहुत बड़ी समझदारी होती है।
- पैसे की ताकत भी अजीब करिश्में दिखाती है। हमारे विरोधी भी हमें झुक कर सलाम करते हैं।
- पारिवारिक रिश्तों को बनाए रखने और निभाने के लिए पैसे की सबसे अहम भूमिका होती है।
- कोई भी इंसान किसी इंसान का गुलाम नहीं होता, हर व्यक्ति पैसे का गुलाम जरूर होता है।
- हमारी जरा सी लापरवाही हमारी बरसों की पूंजी को सदा के लिए हम से दूर कर सकती है।
- रईस लोगों को सारी दुनिया झुक कर सलाम करती है, वरना रिश्तेदार तो गरीबों के भी होते हैं।
- पैसे में न जाने ऐसा क्या आकर्षण है कि हर व्यक्ति अपने निधन तक उसे और पाना चाहता है।

- धन–दौलत के बिना घर में डिनर सेट, सोफा सेट, चांदी और सोने के सभी सेट बेकार लगते हैं।
- किसी दिन अचानक हमारे पास एक भी पैसा न रहे यह सोच कर ही हमारी रूह कांपने लगती है।
- जैसे–जैसे हमारी कमाई बढ़ती जाती है समाज वाले मुफ्त में ही हमारा मान–सम्मान बढ़ाते जाते हैं।
- हम हर दिन चाहे कितनी भी दौलत कमा लें फिर भी अंतिम सांस तक इसकी भूख खत्म नहीं होती।
- जिस तरह जीने के लिए सांस लेना जरूरी है उसी तरह जीवन गुज़ारने के लिए पैसा जरूरी होता है।
- हर चीज़ पैसे से नहीं खरीदी जा सकती लेकिन हर चीज को खरीदने के लिए पैसे की जरूरत होती है।
- कल तक जो सारे काम किसी एक सिफारिश से हो जाते थे वो सभी काम अब पैसे को करवाने पड़ते हैं।
- हमारी कमाई हमें अमीर नहीं बनाती बल्कि हमारी पैसा खर्च करने की आदतें हमें अमीर या गरीब बनाती हैं।
- किसी भी इंसान की असली कीमत उस समय आंकी जाती है जब उसके पास बिलकुल भी पैसा नहीं होता।
- पैसा आज तक किसी का स्वभाव तो नहीं बदल पाया लेकिन हर किसी को उसकी औकात जरूर दिखा देता है।
- हम पैसे की ताकत पर विश्वास करें या न करें लेकिन पैसा कमाने के लिए हमें खुद पर पूरा विश्वास होना चाहिए।
- यह सच हैं कि पैसा सब कुछ नहीं होता लेकिन जन्म से मृत्यु तक पैसे के बिना कोई काम पूरा भी नहीं होता।
- यह सच है कि धन–दौलत से खुशियाँ नहीं खरीदी जा सकती लेकिन बिना पैसे के जीवन में खुशियाँ आती भी नहीं।
- दुनिया पर राज करना चाहते हो तो अपनी दौलत को बढ़ाओ क्योंकि यह ताकत हमें सिर्फ दौलत ही दिला सकती है।
- जीवन में पैसा सच में बहुत जरूरी है क्योंकि इसके बिना सोना–चांदी तो क्या दो वक्त की रोटी भी नहीं मिलती।
- बच्चों से लेकर बूढ़े तक सभी यह मानते हैं कि इस दुनिया में पैसे से अधिक करिश्में और कोई नहीं कर सकता।

- कुछ लोग बड़े सिद्धातों की बात करते हैं लेकिन जमाने ने उन्हें भी अनेकों बार पैसे के लिए बिकते हुए देखा है।
- हम सभी जानते हैं कि पैसा भगवान नहीं है लेकिन फिर भी सभी लोग भगवान से अधिक पैसे की पूजा करते हैं।
- दौलत की ताकत का अंदाजा इसी बात से लगाया जा सकता है कि यह किसी भी रंक को राजा बना सकता है।
- पैसे की कमी आते ही अच्छे पढ़े–लिखे लोग भी अपने सारे सिद्धांत भूल कर अपराध की दुनिया में जीना शुरू कर देते हैं।
- धन सारे काम नहीं कर सकता लेकिन सबसे बड़ी सच्चाई यह है कि धन के बिना कोई भी काम पूरा नहीं हो सकता।
- हर हाल में हमें दौलत को बहुत संभाल कर रखना चाहिए क्योंकि इसके जाते ही लोग यह भूल जाते हैं कि हम कौन हैं।
- एक दिन में कभी कोई अमीर नहीं बन पाया, एक–एक पल की कद्र करने वाले साधारण इंसान भी रईस बन सकते हैं।
- जमाने में कुछ लोग ऐसे भी हैं जिनके पैर तो कब्र में लटके होते हैं लेकिन उनकी जान फिर भी पैसों में अटकी होती है।
- पैसा सफेद हो या काला वो कभी किसी के सामने नहीं झुकता, पैसे के आगे इंसान तो क्या उसका ईमान भी झुकता है।
- जीवन में सारे सुख पैसा ही दिला सकता है इसीलिए हर व्यक्ति सुबह–शाम भगवान से पैसे की मांग ही करता रहता है।
- धन–दौलत का कभी भी घमंड नहीं करना चाहिए क्योंकि यह बहुत शातिर है और कभी भी धोखा दे कर दूर हो जाएगा।
- पैसे की ताकत देखनी हो तो चंद रुपये अपने बटुऐ में डाल दो, वो भी एक मिनट में फूल कर गुब्बारे की तरह हो जाता है।
- पहले समय के मुकाबले अब अधिक पैसा कमाना जरूरी हो गया है क्योंकि अब हवा और पानी भी पैसे से खरीदना पड़ता है।
- हमारी जिदंगी बेशक कैसी भी चल रही हो लेकिन पैसा आते ही सभी दोस्त हमारी किस्मत की तारीफ करते नहीं थकते।
- बचपन में सुनते थे कि धन–दौलत के बिना जिदंगी बेकार है, अब बुढ़ापे में आ कर समझ आया कि यह बात बिलकुल सच है।

- दौलत के दम पर हम इतने बड़े बॉस बन सकते हैं कि फिर कोई दूसरा आदमी हमारा बॉस बनने की हिम्मत नहीं कर पाता।
- कुछ लोग नकली पैसे बनाने की कोशिश करते हैं जबकि पैसे में इतनी ताकत है कि वो हर इंसान को नकली बना सकता है।
- यह सच है कि पैसा खर्च करने के लिए ही बना है लेकिन गलती से भी इसे फिजूल में खर्च करना बहुत नुकसान कर सकता है।
- किसी भी व्यक्ति के पास पैसा आने और जाने के बाद ही उसके व्यवहार को देख कर उसकी असलियत को समझा जा सकता है।
- जिन देशों में आम आदमी अपनी जरूरतें पूरी करने के लिए पैसा कमा लेते हैं उन देशों में अपराध काफी कम देखने को मिलता है।
- धन के बिना एक दिन भी जिदंगी गुजारना मुश्किल है लेकिन फिर भी कुछ लोगों का यह मानना है कि पैसा सब कुछ नहीं होता।
- अभी तक हम पैसे से सिर्फ समान खरीद पाते थे लेकिन अब तो पैसे के दम पर किसी भी इंसान के जमीर को भी खरीदा जा सकता है।
- हम बेशक कितनी भी धन–दौलत कमा लें लेकिन एक बात का सदैव ध्यान रखना चाहिए कि हमारा पैसा हमें अपना गुलाम न बना ले।
- ज्ञानी, विद्वान पैसे के बारे में जो कुछ मर्जी कहते रहे लेकिन सच्चाई यह है कि रोजमर्रा की जिदंगी पैसे के बिना नहीं चलाई जा सकती।
- इस बात से कोई इंकार नहीं कर सकता कि धन की कमी के कारण हमारे जीवन में बहुत सारी खुशियों को बेवजह ग्रहण लग सकता है।
- हमारे जीवन में पैसा उतना ही जरूरी है जितनी हमारी भूख, जैसे एक दिन भी भूखा रहना मुश्किल है उसी तरह धन के बिना भी गुजारा नहीं होता।
- दौलत की ताकत इस बात से समझ आती है कि यह बड़े–बड़े महल बनवा सकती है और जब चाहे उन महलों में खून–खराबा भी करवा सकती है।
- यह सच है कि भगवान बहुत बड़े हैं लेकिन वो भी हमारे दुनियावी काम नहीं कर सकते, लेकिन पैसा हमारे हर रुके हुए काम को चुटकियों में पूरा करवा सकता है।
- यह सच है कि हर चीज पैसे से नहीं खरीदी जा सकती लेकिन जो चीजें पैसे से नहीं खरीदी जा सकती पैसा उनको को भी प्रभावित कर सकता है।

- आज के समय में अगर हमारे पास पैसे हैं तो दुनिया हमारी औकात देखती है और अगर पैसे खत्म हो जाये तो दुनिया वाले अपनी औकात दिखाने लगते हैं।
- दौलत के बारे में लोग कुछ भी कहते रहे लेकिन इसके बिना एक दिन भी जीना मुश्किल है, यह किसी को भी भूख से तड़पा–तड़पा कर मार सकती है।
- यह तो हम सभी जानते हैं कि पैसे में बहुत ताकत होती है यदि हमें अपनी ताकत और अधिक बढ़ानी है तो पैसे को अपना गुलाम बनाने की कोशिश करनी होगी।
- यह सच है कि सुकून से बड़ी कोई दौलत नहीं होती, लेकिन इस बात को भी झुठलाया नहीं जा सकता कि बिना दौलत के जिदंगी में एक दिन भी सुकून नहीं होता।
- मजबूत दिमाग वालों को हर बड़ी समस्या का हल आसानी से दिख जाता है, जबकि कमजोर दिमाग वालों को हर साधारण बात भी समस्या की तरह दिखाई देती है।
- समय के साथ लोगों के काम करने के तरीके, आदतें और स्वभाव बदलते रहते हैं, इसलिए लगातार धन कमाने के लिए हमें भी इन सभी चीजों के लिए तैयार रहना चाहिए।
- जब तक हम अपनी जरूरतों पर काबू रखते हैं तो उस समय तक पैसे की कमी महसूस नहीं होती लेकिन जैसे ही हम अपनी ख्वाहिशों को बढ़ाते हैं उस समय सारी दुनिया की दौलत भी कम ही लगने लगती है।
- धन–दौलत के मामले में हमारी सोच सदैव सकारात्मक होनी चाहिए क्योंकि नज़र का इलाज तो हो जाता है नजरिये का इलाज कर पाना नामुमकिन होता है।
- हम बेशक कितने भी स्मार्ट क्यों न हो लेकिन अगर हम दूसरों के स्वभाव और काम करने के तरीके को ठीक से नहीं समझ पाते तो हम कुछ भी नहीं कर पाएंगे।

○

.4.

आप भी बन सकते हैं अमीर

क्या एक आम आदमी भी पैसे कमाने के सपने को सच में बदल सकता है। अगर इसका सीधा सा जवाब देखें तो वो है 'हां'। हमारे देश में नहीं बल्कि दुनिया के बहुत सारे देशों में जो आज अरबपति लोग हैं उन्होंने अपना बिजनेस या तो अपने घर के किसी छोटे से कमरे से या किसी कार के गैरज से शुरू किया था। अधिकतर करोड़पति लोग जो आज कामयाबी के शिखर पर हैं उन्होंने अपनी जिदंगी की शुरुआत शून्य से की थी। हम सभी धीरूभाई अंबानी, मसालों के बादशाह एम.डी.एच. के मालिक, निरमा वाशिंग पाउडर बनाने वाले करसन भाई पटेल आदि के बारे में तो जानते हैं। इसी के साथ एक और ऐसा नाम बताएंगे जिसे सुन कर आप चौंक जाएंगे। यह है हमारे देश के सबसे अमीर करोड़पति नाई रमेश बाबू। इनके पास 400 से अधिक गाड़ियाँ हैं। यह खुद दुनिया की सबसे महंगी कार रॉल्स–रॉयस में चलते हैं। पुणे के दो भाइयों के बारे में तो सारा देश जानता है कि वो सिर्फ चाय बेच कर हर महीने 10 से 12 लाख रुपये महीना कमाते हैं। ऐसे दो–चार नहीं सैकड़ों और उदाहरण भी आपको देखने में मिल जाएंगे। जिससे हम दावे से कह सकते हैं कि पैसा कमाने का हक हम सभी को है। अमीर बनने के लिए जरूरत होती है कुछ खास आदतों की, जिन्हें अपने जीवन का हिस्सा बना कर रईसी की सीढ़ियां चढ़ा जा सकता है। अमीर बनने के लिए सबसे पहले ठण्डे दिमाग से यह सोचना चाहिए कि क्या हम सच में रईस बनना चाहते हैं। कहीं यह सिर्फ सपने जैसी झलक तो नहीं जो आंख खुलते ही बिखर जाएगी। हम पैसा कमाने के लिए कितने गंभीर हैं। आमतौर पर होता यह है कि हम अपने आसपास अमीर लोगों के रहन–सहन को देख कर

बहुत जल्द प्रभावित हो जाते हैं। उनकी रईसी देख कर हमारे दिल में भी बेशुमार दौलत कमाने के बुलबुले उठने लगते हैं। लेकिन थोड़े ही समय बाद हमारा यह जोश ठण्डा पड़ना शुरू हो जाता है। हम अपने जीवन में पाना तो बहुत कुछ चाहते हैं लेकिन अक्सर हम उन विचारों को कभी गंभरीता से नहीं लेते। इसलिए अगर सच में अमीर बनना है तो सबसे पहले मन में रईस बनने की दृढ़ इच्छाशक्ति को अच्छे से जगाने की जरूरत होती है। यही इच्छाशक्ति हमारे अंदर इतना जोश पैदा कर देती है कि हमारा जुनून पागलपन की हद तक पहुंच जाता हैं। जब तक हमारे लक्ष्य को देख कर लोग हमें बेवकूफ या पागल न कहना शुरू कर दें तो हमें समझ लेना चाहिए कि अभी हमारा ध्येय बहुत छोटा है। आप अगर अकेले ही दौलत कमाने का दम रखते हैं तो बहुत अच्छा है। वरना जहां तक मुमकिन हो सके एक–दो ऐसे दोस्तों को अपने साथ रखें जिनकी सोच सकारात्मक हो और उनके साथ आसानी से तालमेल बिठाया जा सके।

किसी भी व्यापार को ऊचाइयों तक ले जाने के लिए सबसे पहले एक कम्पनी या फैक्ट्री बनाने की जरूरत होती है। इसी के साथ हमारी कम्पनी का नाम और प्रतीक चिन्ह "लोगो" बहुत ही अहम भूमिका निभाते हैं। कम्पनी बनाने के बाद हमारा लक्ष्य बिलकुल साफ होना चाहिए कि हम किस क्षेत्र में काम कर के धन–दौलत अर्जित करना चाहते हैं। हमारे कार्यक्षत्र के विस्तार की कितनी गुंजाइश है। क्योंकि सही ढंग से योजना बनाए बिना कोई भी काम शुरू करने से काफी अधिक परेशानी हो सकती हैं। इतनी तैयारी करने के बाद हमें अपने बिजनेस के बारे में लोगों तक सदेंश पहुंचाना होगा हैं। यह काम पहले तो काफी मुश्किल होता था लेकिन सोशल मीडिया ने इसे काफी आसान बना दिया है। अपने व्यापार से जुड़ी सारी जानकारी को अच्छे ढंग से फेसबुक, इन्सटाग्राम, वाट्सऐप आदि पर बहुत जल्द ही हम हजारों लोगों तक पहुंचा सकते हैं। इसके बाद ध्यान रखने वाली बात यह है कि जिस किसी को भी हमारे व्यापार में दिलचस्पी हो उसे हर बात बिलकुल ठीक से बताएं।

अब कुछ ऐसे टिप्स की बात करते हैं जो एक आम आदमी को अमीर बनने की राह में उसका सही ढंग से मार्गदर्शन कर सकते हैंः–

- जिदंगी में कभी मत सोचना कि मैं अमीर नहीं बन सकता।
- पैसा कमा कर अमीर बनने का हक सभी को एक जैसा है।
- हर इंसान सिर्फ उतना ही पैसा कमा सकता है जितनी उसकी योग्यता होती है।
- सच में अमीर बनना चाहते हो तो अपनी इच्छाओं को अपने लक्ष्य में बदल डालो।
- अधिक पैसा कमाने के लिए हमें काम भी दूसरों से पहले शुरू करना होगा।
- अमीर बनना चाहते हो तो अपनी इच्छाओं को मारना नहीं पूरा करना सीखो।
- सही समय पर, सही मौके का फायदा उठाने से कमाई के मौके बढ़ जाते हैं।
- वर्तमान में सही सोच से जीने वालों का भविष्य अपने आप ही संवरने लगता है।
- मनचाही दौलत कमाने के लिए पहले सच्चे मन से मेहनत करने की जरूरत होती है।
- सबसे बड़ा रईस बनने के लिए आपको किसी से इजाजत लेने की जरूरत नहीं होती।
- दुनिया में सबसे अधिक दौलत पाना चाहते हो किसी न किसी नई चीज़ की खोज़ करो।
- अमीर बनने की हमारी कल्पनाओं को हमारे सिवाए कोई और हकीकत नहीं बना सकता।
- रईस बनने के लिए सही दिशा में सही समय पर सही कदम उठाने की जरूरत होती है।
- अगर हम सच में करोड़पति बनना चाहते हैं तो हमारी चाहत में भी पूरा दम होना चाहिए।
- धनवान बनने के लिए सबसे पहले सिर्फ अपने बारे में सोचो और अपने लिए ही काम करो।
- हम कोई भी काम करते हैं लेकिन पूर्ण ज्ञान के बिना जिदंगी में अमीर बनना काफी कठिन होता है।

- अमीर बनने के लिए हमें भी अपने सपनों का पीछा करना चाहिए जैसे सभी करोड़पति करते आऐ हैं।
- दौलत कमाने की सबसे अच्छी प्रेरणा और शक्ति इस राह में आने वाली अड़चनों से मिल सकती है।
- अमीर बनने का नशा जिस व्यक्ति पर सवार हो जाता है उसे फिर काम से कभी फुर्सत नहीं मिलती।
- धनवान बनने के हमारे सपने बेशक कितने भी बड़े क्यों न हो वो एक न एक दिन पूरे हो ही जाते हैं।
- अमीर बनना चाहते हो तो सबसे पहले अपने जीवन से 'कल' शब्द को सदा के लिए हटा दो।
- छोटे–छोटे कदमों से व्यापार शुरू करने वाले एक दिन बहुत ही सफल कारोबारी बन जाते हैं।
- अगर हम दूसरे लोगों की तरह दौलत नहीं कमा पायें तो कोई न कोई कमी हमारे अदंर ही है।
- शून्य से शिखर तक पहुंचने वालों को अपने लक्ष्य के सिवाए कुछ और दिखाई नहीं देना चाहिए।
- यदि हम अपना काम पूरी मेहनत और निष्ठा के साथ करते रहते हैं तो कमाई अपने आप आएगी।
- पैसा कमाना है तो सिर्फ उसकी इच्छा मत रखो, बल्कि उसे अपने जीवन का सबसे बड़ा लक्ष्य बनाओ।
- दौलत उन्हीं लोगों के पास रहना पसंद करती है जो उसको सच्चे दिल से प्यार और इज्जत करते हैं।
- अधिकतर लोगों को गणित पढ़ना अच्छा नहीं लगता, लेकिन नोट गिनना हम सभी को बहुत पसंद होता है।
- जो लोग सच में पैसा कमाना चाहते हैं वो ना तो खाने के समय की और न ही सोने की फिक्र करते हैं।
- जो लोग जीवन में अमीर बनने का लक्ष्य तय कर लेते हैं वो फिर दूसरों से बार–बार सलाह–मशविरा नहीं करते।
- जो लोग अपनी काबिलियत पर पूरा भरोसा रखना जानते हैं उन्हें धनवान बनने से कोई नहीं रोक सकता।

- सबसे अमीर इंसान बनने के लिए हमें हर प्रकार की चुनौतियों को खुशी–खुशी स्वीकार करते रहना चाहिए।
- सुख–समृद्धि से भरपूर सुनहरा भविष्य सिर्फ उन्हीं लोगों को नसीब होता हैं जिनके सपनों में जान होती है।
- अपनी सोच को कभी छोटा मत करो। जो कुछ मन में है, वो सब कुछ एक न दिन जरूर हासिल हो ही जायेगा।
- रईस बनने का सपना देखने वाले, लोगों की इधर–उधर की बातें सुन कर भी कभी अपने लक्ष्य से नहीं भटकते।
- एक बार अमीर बनने का जज्बा मन में पैदा कर लो फिर कोई भी ताकत आपके जुनून का दम नहीं घोंट सकती।
- धनवान लोगों के काम करने का कोई तय समय नहीं होता वो दिल और दिमाग से 24 घंटे काम करते रहते हैं।
- आज के समय में करोड़पति वही इंसान बन सकता है जिसके पास गहरी सोच और उस पर काम करने का हुनर है।
- हमें सिर्फ सफल होने का स्वभाव बनाना होगा उसके बाद हर सफलता खुद ही पैसे को अपनी और खींचती रहती है।
- आशा और उम्मीद रखना अच्छी बात है, लेकिन बिना काम शुरू किये पैसा कमाने के बारे में सोचा भी नहीं जा सकता।
- हमें अपने बैंक खातों का सबसे अधिक ध्यान रखना चाहिए कि उनमें जमा राशि हमारी उम्र के साथ तेजी से बढ़ते रहे।
- अमीर बनना है तो हर चीज को बेचना सीखो क्योंकि उत्पाद कोई भी हो उसे बिना बेचे पैसे नहीं कमाए जा सकते।
- बेशुमार दौलत कमाने के लिए हमें सबसे पहले अपने मन से नकारात्मक विचारों को सदा के लिए खत्म करना होगा।
- अपने लक्ष्य की और बढ़ते समय राह में जब भी कोई अड़चने आएं तो अपने गुरु से मदद लेने में नहीं झिझकना चाहिए।
- अमीरी किसी की मोहताज नहीं होती वो तो सिर्फ उन्हीं लोगों के पास जाती है जो उसका दिल खोल कर स्वागत करते हैं।
- अमीर बनना है तो हमें कुछ ऐसे विश्वासी लोगों की जरूरत होती है जो हमारे हर काम पर सच्चे मन से प्रतिक्रिया दे सकें।

- समझदार लोग कभी भी अमीरों की चम्चागिरी नहीं करते बल्कि वो खुद उनसे अधिक अमीर बनने का प्रयास करते रहते हैं।
- रईस बनना इसलिए मुश्किल नहीं है क्योंकि हमारे आसपास कुछ ऐसे अमीर लोग भी हैं जो हम से अधिक होशियार नहीं हैं।
- अमीर लोग अंधविश्वास में विश्वास नहीं रखते वो हर दिन को अच्छा बनाने के लिए नई जानकारियां हासिल करते रहते हैं।
- उम्र के हिसाब से हमारे शौक अक्सर बदलते रहते हैं लेकिन जो अमीर बनना चाहते हैं वो पैसा कमाने का शौक कभी नहीं छोड़ते।
- करोड़पति बनने के लिए हमें उन चीजों के बारे में सोचना चाहिए जिनके बारे में अभी तक दूसरे लोगों ने कल्पना भी नहीं की।
- हमारा व्यवहार अच्छा हो तो हमारे अंदर बहुत सारे ऐसे गुण पैदा हो जाते हैं जो हमें धनवान बनने में बहुत मददगार साबित होते हैं।
- जो इंसान अपनी हर गलती से कुछ नया सीखते हैं वही बुद्धि मान बन पाते हैं और धनवान बनने के लिए बुद्धिमत्ता बहुत जरूरी होती है।
- आलस, चिंता और सोशल मीडिया को सदैव अपने से दूर रखना चाहिए क्योंकि यही चीजें अमीर बनने में सबसे बड़ी बाधा पैदा करती हैं।
- जो लोग करोड़पति बनने की ठान लेते हैं वो फिर इस बात की बिलकुल भी परवाह नहीं करते कि लोग उनके बारे में क्या सोचते हैं।
- 25 से 50 साल के बीच हमें इतना पैसा तो जरूर कमा लेना ताकि उसके बाद बिना मेहनत किये आसानी से अच्छी कमाई मिलती रहे।
- हमारे पास बेशक कितनी बड़ी डिग्रियां या ज्ञान हो लेकिन धन–दौलत सिर्फ उतनी ही कमा पाएंगे जितना हम उनका इस्तेमाल करते हैं।
- आसान काम करके अधिक पैसा नहीं कमाया जा सकता, अगर रईस बनना है तो कठिन से कठिन काम को करने का स्वभाव बनाना होगा।
- अमीर बनने वाले लोग कभी भी इस बात की परवाह नहीं करते कि दूसरे लोग क्या कुछ और कैसे कर रहे हैं, वो सिर्फ अपने काम से काम रखना जानते हैं।

- हम सभी के पास दुनिया का सबसे ताकतवर औजार हमारा दिमाग हमारे पास है, उसको सही ढंग से इस्तेमाल करना सीख कर हम बेशुमार दौलत कमा सकते हैं।
- पैसा कमाने की इच्छा रखना और असलियत में पैसा कमाना दोनों चीजों में बहुत फर्क होता हैं इसलिए अमीर बनना है तो सिर्फ पैसा कमाने के लिए काम करो।
- जब तक हम डरते रहेंगे उस समय तक हम कुछ नहीं कमा पाएंगे, जिस दिन पैसा कमाना सीख लिया उस दिन दुनिया वाले सिर झुकाएंगे।
- अगर किसी कारण से हम पढ़ाई–लिखाई नहीं भी कर पाये तो कोई बात नहीं, अब हमें वो सारी ताकत भी पैसा कमाने में लगा देनी चाहिए।
- यह सच है कि नींद सभी को अच्छी लगती है लेकिन अमीर लोग अपनी जेब का भी पूरा ख्याल रखते हैं जो हर समय पैसे की मांग करती रहती है।
- अमीर बनने की डगर पर जब भी कदम बढ़ाना शुरू करो तो सबसे पहले अपने शहर और देश–विदेश के करोड़पतियों की संघर्ष भरी जीवनियाँ जरूर पढ़ो।
- हम आज बेशक किसी भी स्तर पर हों लेकिन हमारे दिमाग में यह बिलकुल साफ होना चाहिए कि हम आज से 5 या 10 साल बाद कितनी दौलत कमा पाएंगे।
- आमतौर पर लोग पैसे के पीछे भागते हैं परंतु यदि हमें रईस बनना है तो हमारे पास कुछ ऐसा हुनर होना चाहिए कि पैसा खुद हमारी और आकर्षक होने लगे।
- रईस लोग जानते हैं कि जिदंगी हमें हर दिन कुछ नया सिखाती है, इसलिए वो अपनी पढ़ाई पूरी करने के बाद भी अपनी कमाई को बढ़ाने के लिए कुछ हर दिन कुछ नया सीखते रहते हैं।
- अगर हम यह कहते हैं कि एक आम आदमी के लिए रईस बनना नामुमकिन है तो इसका मतलब सिर्फ यही होता है कि हम अभी इतने कमजोर हैं कि हम ज्यादा पैसा नहीं कमा सकते।

❍

.5.

दौलत की जंग

सुख–दुःख की तरह हार–जीत भी हमारी जिदंगी का अहम हिस्सा होते हैं। लेकिन न जाने हर इंसान हार से क्यों डरता है। आम लोगों की बात की जाए तो उन्हें इतना डर शायद मौत से नहीं लगता जितना कि हार से। उनकी सोच सिर्फ इतनी होती है कि एक हार से शायद सारी दुनिया खत्म हो जाएगी। उनके कामयाब होने या पैसे कमाने के सारे सपने एक असफलता के साथ खत्म हो जाएंगे। लेकिन इतिहास के पन्नों को जब कभी भी गौर से देखा जाये तो वो यह बताते हैं कि इस दुनिया का कोई भी महान, बुद्धिमान या रईस व्यक्ति ऐसा नहीं हुआ जिसे जीवन में पहली बार ही सफलता मिली हो। इसका खास कारण यह है कि अमीर लोगों की सोच उनकी समस्याओं से बड़ी होती है जबकि छोटे लोगों की सोच उनकी समस्याओं से छोटी होती है। हिंदी फिल्मों के शहंशाह अभिताभ बच्चन को आल इंडिया रेडियों ने उनकी भारी भरकम आवाज के कारण नौकरी देने से मना कर दिया था। उनके जीवन की पहली 10 फिल्में बिलकुल फ्लॉप रहीं। लेकिन उन्होंने हार न मानते हुए आज उसी आवाज के दम पर बॉलीबुड में सबसे बड़ा मुकाम हासिल किया है। ऐसी बहुत सारी हस्तियों के उदारण हैं जिन्हें कल तक कोई जानता तक नहीं था परंतु आज वो दुनिया में अपने दम पर एक अलग पहचान बना चुके हैं। जिस किसी ने जितना अधिक हार से सामना किया है उसे उतनी ही बड़ी कामयाबी मिली है। हर एक असफलता हमें और अधिक मजबूत और ज्ञानवान बनाती है। लेकिन आजकल बात चाहे खेल के मैदान की हो या जिदंगी में दौलत कमाने की। हर कोई इसे एक युद्व की तरह देखने लगा है। हम लोग कुछ भी करने से पहले ही

मन में जीत की इतनी बड़ी उम्मीदें पाल लेते हैं कि हम तो हर हाल में सफल ही होंगे। कोई भी काम शुरू करते ही उसका ढिंढोरा पीटने लगते हैं। नतीजतन हम खुद अपने लिए मानसिक दबाव को बढ़ा लेते हैं। ऐसे माहौल में जब कभी हार से सामना होता है तो हम एक पल में ही टूट कर बिखरने लगते हैं। हम अंदर ही अंदर घुटने लगते हैं कि अब दुनिया वाले क्या कहेंगे।

हमें एक बात सदा ही याद रखनी चाहिए कि जब हम सबसे बेहतर करते हुए भी हार जाते हैं तो हमें जिदंगी भर कभी भी पछतावा नहीं होना चाहिए, क्योंकि हमने अपनी तरफ से बहुत अच्छा किया है। वैसे हार को हराना कोई कठिन काम नहीं होता बस हमारे अदंर उसे हराने का जुनून होना चाहिए। हमें खुद से यह वादा करना होगा कि आज तक जितनी हिम्मत दिखाई है आज के बाद हर बार उससे ज्यादा कुछ अनूठा कर दिखाएंगे।

इसी के साथ हम आपके साथ कुछ अनमोल विचार शेयर कर रहे हैं जिससे आप हर क्षेत्र में हार को जीत में बदल कर मनचाही दौलत कमा पाएंगे।

- जिदंगी जीतने के सबसे कड़वे सबक हमें हमारी हार ही सिखाती है।
- अपनी हार से सीखने वाले सबसे पहले जिदंगी में सफल हो पाते हैं।
- सफल कारोबारी कभी भी सोचे–समझें बिना अपनी प्रतिक्रिया नहीं देते।
- कामयाबी छोटी हो या बड़ी उसका जश्न जरूर मनाना चाहिए।
- एक बार की असफलता हमें करोड़पति बनने से नहीं रोक सकती।
- जिदंगी की ठोकरें हमें बहुत सारे पैसा कमाना के सबक सिखा सकती हैं।
- धनवान बनने की हमारी औकात कोई और नहीं बल्कि हम खुद ही बनाते हैं।
- हमारी कामयाबी के बीज असफलता ही मिट्टी में ही सबसे अच्छे फल देते हैं।
- जो व्यक्ति अदंर से मजबूत होते हैं उन्हें बाहर की कोई चुनौती नहीं हरा सकती।

- सफलता से हम कभी भी कुछ नया नहीं सीखते, हार ही हमें नये सबक सिखाती है।
- जुनूनी लोग जानते हैं कि हारते–हारते ही किसी दिन कामयाबी से मुलाकात होती है।
- छोटे हौसले वाले चुनौतियों से घबरा कर अपने अमीर बनने के लक्ष्य को भूल जाते हैं।
- पैसा कमाने के लिए पैसों से अधिक आत्मविश्वास और इच्छाशक्ति की जरूरत होती है।
- करोड़पति बनना है तो जिदंगी में खुद को कभी कमजोर और लाचार न महसूस करना।
- असफलता से कभी नहीं डरना चाहिए क्योंकि सफलता की राह भी हमें यही दिखाती है।
- जब कभी जीवन में बहुत मुश्किल हालात बन ही जाए तो भी हिम्मत नहीं हारनी चाहिए।
- जिदंगी में खूब सारा पैसा कमाना है तो असफलता की गलियों से तो गुजरना ही पड़ेगा।
- असफलता सिर्फ उन्हीं लोगों को नुकसान पहुंचाती है जो फिर से प्रयास करने में डरते हैं।
- इस दुनिया की सबसे बड़ी हार एक ही है जब हम सफल होने की कोशिश ही नहीं करते।
- जिदंगी में अगर मनचाही दौलत कमानी है तो वो हार के दूसरी तरफ ही जा कर मिलेगी।
- जो लोग हार नहीं मानते जिदंगी उन्हें अमीर बनने का हर दिन एक और मौका और देती है।
- जो लोग हार को अपने दिलों–दिमाग में जगह नहीं देते यह उनका कुछ नहीं बिगाड़ सकती।
- कोई भी व्यापार करते समय पैसा कमाने के साथ कम्पनी का नाम भी कमाना जरूरी होता है।
- दौलत पाने के लिए कामयाबी की नींव हमारी इच्छाशक्ति और दृढ़विश्वास पर ही टिकी होती है।

- यदि हम नकारात्मक सोच को अपने जीवन से निकाल दें तो कभी भी हमारी हार नहीं हो सकती।
- व्यापार में नफा–नुकसान तो चलता रहता है। नुकसान होने पर हिम्मत हारने की जरूरत नहीं होती।
- यदि हम जरूरत से अधिक अपने भविष्य की चिंता करेंगे तो कभी भी वर्तमान में धन नहीं कमा पाएंगे।
- परेशान हो कर कभी किसी को कुछ नहीं मिलता। दौलत कमानी है तो जिदंगी में मुस्कराना भी पड़ेगा।
- अमीर लोग अपने डर को खत्म करने और जानकारी बढ़ाने के लिए अधिक से अधिक किताबें पढ़ते हैं।
- पैसा कमाने का जुनून रखने वाले किसी भी प्रकार के हालात से न तो डरते हैं और न ही हार मानते हैं।
- हम सभी के पास दो–दो आखें हैं, लेकिन हर चीज को देखने का नजरिया हर किसी का अलग होता है।
- जो लोग बदले की भावना को छोड़ कर बदलाव को अपना लेते हैं वो जिदंगी में सदा ही सफल रहते हैं।
- अफसल होने के बाद हमारा व्यवहार ही हमें बताता है कि अब हम जिदंगी में पैसा कमा पाएंगे या नहीं।
- हिम्मत और जुनून सदा ही बुलंद रखना चाहिए, क्योंकि जानवरों के डर से जंगल नहीं छोड़ा जा सकता।
- हमेशा हिम्मत और हौसले से आगे बढ़ते रहो, कभी हिम्मत टूटने भी लगे तो उसे दुनिया को मत दिखाओ।
- दौलत भी कमानी हो और हार से भी बचना हो तो हमें सही ढंग से योजना बना कर ही आगे बढ़ना होगा।
- हमें उस समय तक हार नहीं माननी चाहिए जब तक हमें हमारा भाग्य हार मानने के लिए मजबूर न कर दे।
- कामयाबी पाने के लिए अपने से बेहतर लोगों के साथ दोस्ती करने से अमीर बनना काफी आसान हो जाता है।
- कुछ लोगों की सिर्फ लिखावट ही खराब नहीं होती बल्कि उनका काम करने का ढंग भी बहुत बुरा होता है।

- जब तक हमें अपने लक्ष्य से डर नहीं लगता तो हमें समझ लेना चाहिए कि हम कोई अनोखा काम नहीं कर रहे।
- कोई भी काम सिर्फ उस समय तक नामुमकिन लगता है जब तक हम उसे अपने हाथों से पूरा नहीं कर लेते।
- जब तक हम साधारण लोगों की तरह ही काम करते रहेंगे उस समय तक हम कभी भी रईस नहीं बन सकते।
- कामयाबी की राह में गलतियाँ तो होती ही रहेगी लेकिन हमें कभी भी अपने लक्ष्य से ध्यान नहीं भटकाना चाहिए।
- दुनिया के महशूर डॉक्टर, वकील, वैज्ञानिक अनेकों बार असफल होते हैं वो उसे हार नहीं "प्रैक्टिस" करना कहते हैं।
- रचनात्मक जीवन जीते हुए अगर पैसा कमाना है तो सबसे पहले अपने आसपास वालों की परवाह करनी छोड़ दो।
- कमजोर लोग हार से डरते है जबकि दूसरी और दृढ़ इच्छाशक्ति वाले असफलता से प्रेरित हो कर कामयाब हो जाते हैं।
- जो लोग अपनी हार से हर बार कुछ नया सीखते हैं दुनिया वाले उन्हीं लोगों के गले में हार की माला पहनाते हैं।
- रईस बनने का जुनून मन में हो तो हार से भी दोस्ती रखनी होगी क्योंकि हारने वाले कभी जीत की जिद्द नहीं छोड़ते।
- तरक्की की राह पर चलते हुए हार तो कई बार मिलती है, लेकिन हमें उस हार को कभी भी स्वीकार नहीं करना चाहिए।
- जिंदगी तो हमें किसी न किसी माध्यम से हर रोज नये सबक सिखाती है लेकिन हम ही उन्हें याद रखना भूल जाते हैं।
- यदि हम अपनी हिम्मत और हौसलें से अपने पैरों पर खड़े नहीं होते तो दुनिया वाले हमें गिराने में एक पल भी नहीं लगाते।
- आधी–अधूरी जानकारी के साथ शुरू किये काम से कमाई होना तो दूर बल्कि हमारी जमा पूंजी भी मिट्टी में मिल जाती है।
- किसी भी चीज़ की कीमत अदा करने से पहले हमें यह जरूर जान लेना चाहिए कि हमें बाद में इसका मूल्य क्या मिलेगा।
- पैसा कमाने में हम तभी असफल होते हैं जब या तो हमारा विश्वास कमजोर होता है या पूर्ण रूप से जानकारी नहीं होती।

- दुख–दर्द तो हर किसी की जिदंगी में होते हैं जो अपने दुखों को अपनी ताकत बना लेते हैं वही लोग करिश्में कर पाते हैं।
- जब जिंदगी हमारी है, सपने हमारे है, पैसा भी हम ने अपने लिए कमाना है तो फिर दूसरों के बहकावे में आ कर हार क्यों मानें।
- असफलता को स्वीकार करने में कोई हर्ज नहीं होता, परेशानी उस समय होती है जब हम उसे दोबारा हराने की कोशिश नहीं करते।
- असफल होना कोई गुनाह नहीं होता लेकिन उसके बाद अगर हम प्रयास करना ही छोड़ दें तो यह हमारे लिए शर्म की बात होगी।
- हार से डर कर कुछ नहीं होता क्योंकि हमें हर हाल में दौड़ना तो पड़ेगा कभी रोटी कमाने के लिए और कभी रोटी पचाने के लिए।
- ज्ञानी इंसान जानते हैं कि वो जब भी कुछ अनूठा करने की कोशिश करेंगे तो उन्हें बहुत सारे लोगों का विरोध झेलना ही पड़ेगा।
- अपने लक्ष्य का पीछा करते हुए बुरे वक्त में भी पीछे नहीं हटना चाहिए बल्कि कोशिश कर उसमें से भी मौके तलाश लेने चाहिए।
- ज्ञान की कोई सीमा नहीं होती और पैसा कमाने के लिए हमें अपने कार्यक्षेत्र का अधिक से अधिक ज्ञान का होना बहुत जरूरी होता है।
- दौलतमंद बनने के लिए कई बार ठोकरें लगती रहती हैं लेकिन इसका यह मतलब नहीं कि हम अपने लक्ष्य का पीछा करना ही छोड़ दें।
- अगर हम चाहते हैं कि लोग हमें कभी भी असफल न कहें तो फिर हमें जीवन में कुछ भी नया करने की कोशिश नहीं करनी चाहिए।
- व्यापार और जानकारी को बढ़ाने के लिए हमें हर साल एक–दो बार ऐसी जगहों पर जरूर जाना चाहिए जहां हम आज तक नहीं गये।
- हमें कभी भी दूसरों जैसा बनने की कोशिश नहीं करनी चाहिए क्योंकि हम जैसे हैं अच्छे हैं और हमारे जैसा कोई दूसरा हो ही नहीं सकता।
- स्कूल–कॉलेज की पढ़ाई सिर्फ सवाल और जवाबों तक ही सीमित होती है, जबकि पैसा कमाने की असली जंग इसके बाद शुरू होती है।
- अगर हमें आसमान की बुलदिंयों को छूना है तो सबसे पहले उन चीजों को अपने से दूर करना होगा जो हमें ऊपर जाने से रोक रही हैं।
- आज का इंसान भगवान की शरण में सिर्फ उस समय जाता है जब उसे अपने लक्ष्य को हासिल करते समय हार दिखाई देने लगती है।

- आज हम जहाँ भी हैं अगर वहाँ हमें इज्जत नहीं मिल रही तो हमें उस जगह को तुरंत छोड़ देना चाहिए क्योंकि हम कोई पेड़ तो है नहीं।
- हमें कभी भी अपने हालात और संसाधनों की शिकायत करने की बजाए उनका बेहतर इस्तेमाल करते हुए पैसा कमाने का प्रयास करते रहना चाहिए।
- उन लोगों से सदा ही दूर रहना चाहिए जो खुद कभी जीवन में सफल नहीं हुए क्योंकि ऐसे लोग ही हमें हार का डर दिखा कर असफल बना देते हैं।
- आज के दौर में कोई भी काम अकेले करना काफी कठिन है, इसलिए अपने व्यापार को बढ़ाने के लिए अच्छी टीम को तैयार करना भी जरूरी होता है।
- छोटी सोच वालों को थोड़ा सा भी हार का डर सताए तो वो अपने सारे काम छोड़ देता है, जबकि अमीर लोग बिना डरे अपने लक्ष्य की और बढ़ते रहते हैं।
- अमीर लोग हर बार पैसा कमाने में सफल नहीं होते, लेकिन वो जब भी असफल होते हैं, उससे वो और अधिक मजबूत हो कर पैसा कमाना सीख जाते हैं।
- ज्ञान और बुद्धि तो सभी के पास होती हैं। अब यह हमारी जिम्मेदारी बनती है कि हम उसका बेहतर तरीके से कैसे इस्तेमाल कर हार से बचा जा सकता है।
- अगर हम अमीर बनने की कोशिश करते हुए फेल भी हो जाते हैं तो भी यह खुशी की बात है, क्योंकि अभी तक बहुत सारे लोगों ने तो कोशिश ही शुरू नहीं की।
- जब भी पैसा कमाने की राह में कोई समस्या आए तो कुछ समय के लिए बिलकुल अकेले बैठ कर विचार करो, आपको हर समस्या का हल जरूर मिल जायेगा।
- अगर हम कभी अपनी इच्छा मुताबिक कोई काम नहीं कर पाते तो निराश नहीं होना चाहिए क्योंकि हो सकता है कुछ समय बाद हम उससे कहीं बेहतर कुछ कर पायें।

○

.6.

पैसे के सपने

पुस्तक के इस भाग में हम प्रतिज्ञा–Affirmations के माध्यम से धन को आकर्षित करने के बारे में जानने की कोशिश करेंगे। धन को आकर्षित करने का एक ऐसा फार्मूला है जिसे तकरीबन सभी लोग इस्तेमाल करते रहे हैं। यह छोटा सा फार्मूला है कि अमीर लोग कभी भी अपनी काबिलियत पर शक नहीं करते। उन्हें हमेशा यह विश्वास होता है कि वो बहुत जल्द रईस बनने वाले हैं। दिन में जब भी समय मिले इन विचारों को अपने मन में दोहराते रहें। एक बार जब हमारा अवचेतन मन इन्हें स्वीकार करना शुरू देता है तो उसके बाद यह सब कुछ हमारे जीवन में सच्चाई बन कर सामने आने शुरू हो जाएंगे। शुरू में अगर हम खुद अपने हाथ से इन्हें बार–बार लिखें तो उसका फायदा और अधिक हो सकता है। ऐसा हम इसलिए कह रहे हैं, क्योंकि जब तक हमारी भावनाएं पैसे के साथ नहीं जुड़ेंगी पैसा हमारे पास नहीं आएगा। आम जिदंगी में भी हम जिस व्यक्ति को प्यार करते हैं वही हमारे पास आ कर रहना पसंद करता है। बिलकुल ठीक उसी तरह हमें अपने मन से पैसे के बारे में सभी तरह के नकारात्मक भावों को दूर करना होगा। जैसे कि पैसा सभी बुराइयों की जड़ है। कोई भी आदमी सही तरीके से धन कमा कर के अमीर नहीं बन सकता आदि। हम पैसे के बारे में जितना अधिक अच्छे से सोचेंगे उतनी ही उसे पाने की संभावनाएं बढ़ने लगती हैं।

चलिए अब धन–दौलत से जुड़े कुछ ऐसे ही विचारों को समझने की कोशिश करते हैं जिन्हें जानकर हमारे अदंर भी ऐसा जोश पैदा हो सके जो पैसे को आसानी से आकर्षित कर सके।

- मैं अब खुद को दुनिया का सबसे भाग्यशाली इंसान मानता हूँ।
- हम अगर चाहें तो हर दिन पहले से अधिक दौलत कमा सकते हैं।
- आज के बाद मेरा कोई सपना अधूरा नहीं रहेगा।
- आज से मैं भी दुनिया का सबसे अमीर इंसान हूँ।
- मेरे भरोसे और यकीन ने मुझे दुनिया की हर शानदार वस्तु दिला दी है।
- मेरे ज्ञान और जागरूकता में बिलकुल अलग किस्म की बढ़ोतरी हो रही है।
- मैं इस संसार की हर खुशी का आनंद ले सकता हूँ।
- मैं अपने जीवन में धन–दौलत का स्वागत करता हूँ।
- मैं धन–दौलत और अमीर लोगों के बारे में सिर्फ अच्छा ही सोचता हूँ।
- जीनियस लोग समय के साथ अपनी क्षमता को कई गुणा तक बढ़ा सकते हैं।
- अगर पैसा कमाया है तो अमीरों की तरह जीओ, अमीरी दिखाने के लिए नहीं।
- पैसे को प्यार की भाषा बोलने वाले लोगों के साथ रहना बहुत अच्छा लगता है।
- मैं संसार की हर सुख–सुविधा का आनंद उठाने लिए ढेरों पैसा कमा सकता हूँ।
- अब मेरा हर काम मुझे कामयाबी के साथ सुख और सृमिद्व की और ले जाता है।
- अवचेतन मन में इतनी ताकत है कि वो हमारे लक्ष्य को हकीकत बना सकती है।
- करोड़पति लोगों की तरह दुनिया की हर खूबसूरत चीज पर मेरा भी पूरा अधिकार है।
- कुदरत बहुत दयालु है वो हर किसी के मन की सभी इच्छाओं को पूरा कर सकती है।
- कामयाबी और कमाई के सबसे शानदार मौके अब खुद चल कर मेरे पास आने लगे है।

- इस दुनिया में मौजूद सभी उपकरणों में से हमारा दिमाग सबसे बुद्धिमान एवं जटिल है।
- अब मुझे चारों और से सिर्फ सकारात्मक और रचनात्मक विचार ही सुनने को मिलते हैं।
- दुनिया का हर इंसान मनचाही दौलत कमा कर रईस बन सकता है जैसे कि मैं बना हूँ।
- साधारण आदमी के लिए सबसे मुश्किल काम है कि और अधिक धन कैसे कमाया जाये।
- अब मेरे पास वो सब कुछ है जो दुनिया के किसी भी रईस इंसान के पास होना चाहिए।
- जीवन में छोटे–छोटे बदलाव करने से ही बड़ी कमाई करने के बारे में सोचा जा सकता है।
- नकारात्मक विचारों से सदा ही बचना चाहिए क्योंकि यह हमें कभी भी अमीर नहीं बनने देते।
- पैसा तो हम सभी कमाना चाहते हैं लेकिन इसे कैसे कमाना है यह हम सीखना नहीं चाहते।
- मैं अभी तक बेकार में ऐसे ही डर रहा था असल में दौलत कमाना कोई कठिन काम नहीं है।
- मैं आज से सभी ज्ञानवान और बुद्धिमान लोगों को अपने पास नौकरी के लिए रख सकता हूँ।
- पैसे की चकाचौंध से दुनिया को अपना दीवाना बनाने वाले सबसे पहले खुद दीवाना बनते हैं।
- इस दुनिया में पैसा कमाने की कोई सीमा नहीं है इसीलिए मैं बेशुमार दौलत कमा पा रहा हूँ।
- अब मेरे पास किसी चीज की कोई कमी नहीं है, मेरी हर जरूरत की चीज़ मेरे पास मौजूद है।
- मै तहे दिल से प्रभु का धन्यवाद करना चाहता हूँ कि उसने मेरी हर ख्वाहिश को पूरा कर दिया।
- जिन चीजों के बारे में मैने आज तक सोचा भी नहीं था आज उन सभी का आनंद ले पा रहा हूँ।

- मन भर कर जीने से कहीं अधिक अच्छा है कि हम मन में कुछ भर कर जीने का स्वभाव बना लें।
- कल तक मुझे हर एक पैसा खर्च करने से पहले सोचना पड़ता था आज मेरे पास बेशुमार दौलत है।
- जब संकल्प लेना ही है तो सिर्फ अमीर व्यक्ति बनने का नहीं बल्कि एक महान इंसान बनने का लो।
- दुनिया के अमीर लोगों की तरह अब मेरे पास भी सुख, समृद्धि और खुशहाली की हर वस्तु मौजूद है।
- अब मुझे किसी तरफ कोई समस्या दिखाई नहीं देती हर तरफ कामयाबी के मौके ही दिखाई दे रहे हैं।
- हम बेशक कितने भी अमीर बन जायें लेकिन गरीबी के कष्ट भरे दिनों को सदा ही याद रखना चाहिए।
- कुदरत मेरे ऊपर पूरी तरह से मेहरबान है मैं जो कुछ मांगता हूँ वो सब कुछ मुझे देने के लिए तैयार है।
- हमारी छोटी सी दुकान हो या कोई बड़ी कम्पनी, हमारी सबसे पहली प्राथमिकता हमारा काम होना चाहिए।
- दुनिया बड़ी तेजी से बदल रही है, इससे डरने की बजाए हमें मुकाबला करने के लिए तैयार रहना चाहिए।
- शानदार भविष्य हमारे सपनों की तरह होता है, उसे हमारे सिवाए कोई भी हकीकत में नहीं बदल सकता।
- यदि हमें अपनी दौलत को दौगुना करना है, तो पैसे से अधिक ध्यान अपने नये लक्ष्य की और लगाना होगा।
- अब मैंने अपनी सोच बदल दी है, मैं बाजार की नब्ज को अच्छे से समझने वालों से बिलकुल हट कर सोचता हूँ।
- प्यार से सिर्फ दिलों को जीता जा सकता है, जबकि जिदंगी जीने के लिए प्यार नहीं पैसों की जरूरत होती है।
- जो लोग हर पल कुछ नया सीखने की कोशिश में लगे रहते हैं वो एक दिन कमाल के करिश्में कर दिखाते हैं।
- हमारा मन बेशक कितना भी कोमल क्यों न हो लेकिन पैसों के बिना हम चाह कर भी दूसरों की मदद नहीं कर सकते।

- साधारण लोग चमत्कार में विश्वास नहीं रखते, जबकि जीनियस लोग चमत्कार कर दिखाने की ताकत रखते हैं।
- अपने सकंल्प में एक बात जरूर शामिल रखना कि हमें हर दिन पहले से बेहतर, स्मार्ट और अधिक रईस बनना है।
- अब मुझे धन–दौलत कमाने के लिए प्रयास नहीं करने पड़ते, प्रभु की कृपा से वो खुद ही अपने आप बढ़ती जा रही है।
- हमें अपनी पहचान ऐसी तो जरूर बनानी चाहिए कि लोग हमें इस तरह से देखें जैसे आज हम रईस लोगों को देखते हैं।
- हर नये विचार पर गौर से विचार करो आपको अंदाजा ही नहीं है कि आपके विचार आपको कहां तक ले जा सकते हैं।
- बड़ी सफलता पाने के लिए जब 100 लोग एक ही जैसा काम कर रहे हों तो हमें उन लोगों से मुकाबला करने की बजाए तुरंत वहां से हट कर कुछ अनूठा करने के बारे में सोचना चाहिए।
- हमें अपने दिमाग को हमेशा शांत और सकारात्मक रखना चाहिए इससे यह बहुत प्रभावशाली तरीके से काम कर पाता है।
- बेहतर नतीजे पाने के लिए जो लोग भी आपकी सेल्स टीम के सदस्य हैं उनको भी अपनी कमाई में से कुछ शेयर जरूर दें।
- सिर्फ एक योजना बना कर दौलत नहीं कमाई जा सकती बल्कि इसके लिए बड़ी रणनीति बनाने की जरूरत होती है।
- जो व्यक्ति जीवन में जितनी जल्दी प्रयास शुरू करता है उतनी ही जल्दी उसे नाम और पहचान मिलनी शुरू हो जाती है।
- जब तक हम लगातार अपनी मानसिक शक्ति का विकास नहीं करेंगे उस समय तक मनचाही दौलत कभी नहीं कमा पाएंगे।
- दौलत कमाने के लिए गति और दिशा दोनों को ध्यान रखना जरूरी है इसलिए अपनी गति सही दिशा में ही रखनी चाहिए।
- रईस बनने की चाह रखने वाले दुनिया की हर बात को भूल कर सिर्फ एक बात याद रखते हैं कि मुझे दौलत कमानी है।
- जो इंसान अमीर बनना चाहते हैं वो अगर लगातार इस बारे में सोचना शुरू कर दें तो कुछ ही दिनों वो अमीर बनने लगेंगे।

- कई बार किसी बात को ले कर हम अपना दिमाग बदल लेते हैं परंतु कई बार हमारा दिमाग हमारे विचारों को बदल देता हैं।
- हमें शुरू से ही अपने दिमाग को इस तरह से तैयार करना चाहिए ताकि वो हर प्रकार के हालात में संतुलन बना कर रख सकें।
- जब तक हम अपना सारा ध्यान अपने अदंर की और नहीं लगाते उस समय तक हमारे मन में नये विचार पैदा नहीं हो पायेंगे।
- अमीर लोगों का मानना है कि उनकी किस्मत में सिर्फ यही लिखा होता है कि यह बहुत जिद्दी है दौलत कमाएं बिना नहीं मानेगा।
- अमीर लोग बेशक कितनी भी बड़ी बातें कर ले लेकिन पैसे के लेन–देन की बात आते ही एक मिनट में वो सभी रिश्ते भूल जाते हैं।
- हमें कोशिश कर के अपने दिमाग को एक बार सिर्फ समझाना होता है उसके बाद हमारी इच्छा को पूरी करने में देर नहीं लगाता।
- महंगे कपड़े, मोबाइल फोन एवं घड़ियाँ खरीद कर हम अमीर होने का दिखावा तो कर सकते हैं, परंतु कभी भी अमीर बन नहीं सकते।
- दुनिया के सबसे धनी लोगों की दिनचर्या देखी जाये तो वो लोग आज भी 4 से 5 घंटें कुछ न कुछ नया पढ़ने या सीखने में लगाते हैं।
- रईस बनने के लिए सबसे पहले हमारे पास एक अच्छी योजना होनी चाहिए क्योंकि बिना किसी प्लान के हम कुछ भी नहीं कर पाएंगे।
- जिदंगी में जितना अधिक आगे बढ़ना चाहते हो कोशिश कर के उससे कहीं अधिक अपने दिमाग का इस्तेमाल करना शुरू कर दो।
- आज मैं संसार की कोई भी खुशी खरीदना चाहूं तो आसानी से खरीद सकता हूँ क्योंकि अब मेरे पास दौलत की कोई कमी नहीं है।
- अमीर लोग हमेशा अपने सभी जरूरी कामों की सूची बना कर रखते हैं, जबकि गरीब लोग यह स्वीकार करते हैं कि वो ऐसा नहीं करते।
- कुछ समय पहले तक मैं एक अच्छे विचार को तरसता था आज मेरे पास बहुत कुछ नया करने के लिए सैकड़ों रचनात्मक विचार हैं।
- अधिक पैसा कमाने के लिए कभी भी दूसरों की नकल नहीं करनी चाहिए क्योंकि नकल करते ही हमारा अपना पैसा भी डूबने लगेगा।
- दौलत कमाने की शुरुआत कभी भी टूटे हुए मन के साथ नहीं करनी चाहिए क्योंकि पैसा कमजोर लोगों के साथ रहना पसंद नहीं करता।

- अपने व्यापार को ऊंचाइयों तक पहुंचाने के लिए हमें लीक से हट कर कारोबार करना होगा, इसी से बाजार में नई पहचान भी बन पाती है।
- अमीर बनने का संकल्प लेना ही है तो कम से कम इतना जरूर सोचना जिदंगी में हम एक दिन दुनिया की सबसे महंगी कार खरीद सकें।
- सकारात्मक विचारों को ऊपर उठाना बहुत मुश्किल होता हैं, क्योंकि हर चीज़ की तरह धरती हमारे विचारों को भी नीचे की और खींचती है।
- खुले विचार रखना अच्छी बात है, लेकिन हमारे विचार इतने खुले भी नहीं होने चाहिए कि हमसे पहले दूसरे लोग उनका फायदा उठा लें।
- प्रभु ने तो हर इंसान को एक जैसा बना कर भेजा है लेकिन वो बात अलग है हर व्यक्ति सभी तरह के कार्य करने में निपुण नहीं हो सकता।
- जिदंगी में अगर पैसा कमाना नहीं भी आता तो उसे सीखना शुरू कर दो लेकिन पैसा कमाने का मौका जब भी मिले उसे कभी नहीं छोड़ना चाहिए।
- अपने दिमाग का सही ढंग से इस्तेमाल करने वाले जानते हैं कि पैसा, खुशहाली और सफलता खुद–ब–खुद ही उनके पास आ जायेंगे।
- जिदंगी की हर इच्छा को पूरा किया जा सकता है, बस उसके लिए हमें सबसे पहले दूसरों से थोड़ी अधिक मेहनत कर पैसा कमाना होता है।
- मुझे अब यह बात समझ आ चुकी है कि हर व्यक्ति जीनियस बन सकता है, उसके लिए हमें हर दिन कुछ नया कर दिखाने की भूख को बढ़ाते रहो।
- रईस लोग अपना हर काम समय सीमा से पहले खत्म करने का प्रयास करते हैं जबकि गरीब व्यक्ति सीमा खत्म होने पर भी अपना काम पूरा नहीं कर पाते।

- दुनिया वाले जो कुछ कहते हैं उन्हें कहने दो, हमें उससे कोई फर्क नहीं पड़ना चाहिए, क्योंकि एक दिन हर किसी का वक्त आता है हमारा भी जरूर आएगा।
- खुशहाल जिदंगी जीने के लिए बेहतर चीजों का चुनाव करो लेकिन उनसे लगाव मत रखो, क्योंकि अभी इन से बहुत बेहतर चीजें हमारा इंतजार कर रही हैं।
- पैसा तो बहुत सारे लोग कमा लेते हैं लेकिन पैसे कमा कर उसका सम्मान करना और उसमें कुछ हिस्सा दान करने से हमारी कमाई खुद ही बढ़ने लगती है।
- दौलत के साथ नाम कमाने का यह फायदा होता है कि जब कभी किसी कारण से पैसा हमारे से दूर हो जाता हैं उस समय समाज में हमारा नाम ही हमें साहरा देता है।
- हमें हर दिन एक शानदार जीवन की कल्पना करनी चाहिए, एक रईस की तरह सोचना और बात करनी चाहिए, इससे पैसे के साथ हमारी दोस्ती और गहरी होने लगती है।
- इतिहास बताता है कि अब तक कई बिना पैरों वाले लोग भी दुनिया की सबसे बड़ी चोटियों पर चढ़ चुके हैं, इसलिए मन में लक्ष्य साफ है तो दौलत कमाना कोई मुश्किल काम नहीं है।
- हमें अपना ध्यान सिंद्वातों से अधिक अपने कौशल को सुधारने में लगाना चाहिए क्योंकि कोई भी इंसान सिद्धांत के दम पर नहीं केवल अपने गुणों के कारण ही धनवान बन सकता है।

❍

.7.

पैसे कमाने के नए तरीके

एक आम आदमी चाह कर भी ठीक से समझ नहीं पाता कि अमीर बनने के लिए कौन से आइडिया पर काम शुरू करें। दूसरी और विशेषज्ञों का यह मानना है कि जितनी बूंदों को मिला कर समुद्र बना है इस दुनिया में पैसा कमाने के उतने ही आइडिया हैं। गूगल पर सिर्फ एक चीज लिखो कि "पैसा कैसे कमाएं।" आप देख कर हैरान रह जायेंगे कि कुछ ही पलों में हमारे सामने सैकड़ों विकल्प आ जाते हैं। अब यह हमारी सोच और योग्यता पर निर्भर करता है कि हम क्या काम आसानी से कर सकते हैं। हमारा मन सबसे अधिक किस काम को करने में लगता हैं। सारी दुनिया के इंटरनेट डेटा को देखा जाये तो शायद इसका सबसे अधिक उपयोग हमारे देश में इस्तेमाल होता है। आज किसी को कोई जानकारी चाहिए या हमें अपने उत्पाद के बारे में दूसरों को बताना है तो यह सारा काम इंटरनेट के माध्यम से ही किया जा रहा है। इतना ही नहीं पिछले कुछ वर्षों में अमीर–गरीब हर स्तर का व्यक्ति अपनी जरूरत का सामान ऑनलाइन ही खरीद रहा है। ऑनलाइन बिजनेस की बात करें तो इसके माध्यम से हर चीज आसानी से बेची और खरीदी जा सकती है। ऑनलाइन व्यापार करने के वैसे तो बहुत सारे फायदे हैं। सबसे अच्छी बात यह है कि इसमें ज्यादा निवेश की जरूरत नहीं होती। हर कोई अपनी आर्थिक स्थिति के मुताबिक छोटे स्तर से भी काम शुरू कर उसे आगे बढ़ा सकता है। अगर हम खुद कोई चीज नहीं भी बना पा रहे तो उसे बाजार से लेकर ऑनलाइन बेच सकते हैं। सामान को खरीदने–बेचने के अलावा बहुत सारे लोग अलग–अलग विषयों के बारे में लेख लिख कर या वीडियो बना कर अपनी सेवाएं इंटरनेट के माध्यम

से लोगों तक पहुंचा कर अच्छी कमाई कर रहे हैं। जिस किसी ने भी इंटरनेट बनाया है, उसने दुनिया को अभी तक का यह सबसे शानदार उपहार दिया है। एक ओर जहां यह हमें जानकारी देने में मदद करता है, वहीं हम इसकी मदद से हर नई चीज, व्यापार करने के तरीकों के बारे में सीख भी सकते हैं। आप भी अगर अब ऑनलाइन कारोबार शुरू करने का मन बना रहे हैं तो सबसे पहले कुछ वीडियो, ब्लॉग आदि जरूर देखें और समझें। अगर कोई बात ठीक से नहीं भी समझ आती तो उसे हम दोबारा फिर से देख सकते और वो भी बिलकुल मुफ्त में। आजकल हर व्यापारी, नेता, फिल्म वाले अपने बिजनेस, उत्पाद एवं सेवाओं को सबसे पहले लोगों तक पहुंचाना चाहते हैं। इसका सबसे आसान तरीका है सोशल मीडिया। अगर कोई व्यक्ति इस काम को करने में महारथ हासिल कर लेता है वो इस काम को कर के लाखों रुपये महीने के आसानी से कमा सकता हैं। जीवन में पैसा कमाना हो या नाम उसके लिए हमें संघर्ष करने के साथ एक बड़ी कीमत भी चुकानी पड़ती है।

इतना तो हम सभी जानते हैं कि आज के समय में बाजार से मिट्टी भी मुफ्त में नहीं मिलती, ऐसे हालात में पैसा कमा कर अमीर बनना सिर्फ एक ख्वाब की तरह लगता है। अधिकतर लोग तो सिर्फ इतना ही सोचते हैं कि एक अच्छी सी नौकरी मिल जाये जिससे घर–परिवार का गुज़ारा ठीक से हो पाये। इससे आगे कुछ करना तो दूर वो सोचते तक नहीं। उन्हें ऐसा महसूस होता है कि अमीर लोग शायद किसी दूसरे ग्रह से आते हैं। करोड़पति तो क्या लखपति बनना भी हम लोगों की पहुंच से बहुत दूर है।

लेकिन असल सच्चाई यह है कि हर अमीर इंसान एक दिन हमारी तरह साधारण इंसान था। कुछ तो इतने गरीब थे कि उनके पास रहने को घर तक नहीं था। खाने–पीने के अलावा उनके सामने भी ढ़ेरों चुनौतियाँ थी। उन लोगों ने भी किसी जादू से सफलता हासिल नहीं की। उन लोगों ने अपने अदंर साहस, हिम्मत के साथ ऐसा जोश पैदा किया कि वो हर चुनौती का डट कर मुकाबला करते रहे। धीरे–धीरे छोटे कदमों से आगे बढ़ते हुए आज वो आसमान की बुलदियों को छू रहे हैं। आप भी अगर अमीर बनने का सपना देख रहे हैं तो उसके लिए

कुछ खास नियमों को जीवन में अपनाना होगा। हम किसी भी तरह का काम शुरू करें लेकिन पहले ही दिन से उसमें कमाई नहीं हो सकती। पारंपरिक व्यापार के अलावा आजकल बहुत सारे काम घर बैठे बिना पैसे निवेश किये ऑनलाइन भी किये जा सकते हैं। अब अगर हम यह सोचें कि हमें तो इंटरनेट की समझ नहीं है। हमें तो कम्पयूटर भी ठीक से चलाना नहीं आता तो कोई बात नहीं। इसके लिए बहुत सारे दूसरे विकल्प भी खोजे जा सकते हैं। लेकिन हमारे अदंर इतना जज्बा जरूर होना चाहिए कि हम जब तक सफल नहीं हो जाते उस समय तक रूकेंगे नहीं। इतनी सी बात जिस इंसान को समझ आ जाती है उसे अमीर बनने से दुनिया की कोई ताकत नहीं रोक पाएगी।

अमीर बनने के लिए बेहतर तकनीक एवं हुनर का होना अधिक महत्त्व रखता है।

- धनवान लोग पैसे से अधिक ज्ञान को और ज्ञान से अधिक समय को महत्त्व देते हैं।
- सबसे धनी लोग पैसे से अधिक कामकाज की जानकारी के बारे में विचार–विमर्श करते हैं।
- रईस बनने के लिए सारी तैयारी तभी पूरी होती है जब हमारा मन और तन तैयार हो जाते हैं।
- दौलत कमाने के लिए काबिलियत के साथ–साथ नजरिये की भी बहुत महत्त्वपूर्ण भूमिका होती है।
- कुछ लोग अधिक पढ़े–लिखे तो नहीं होते परंतु वो पैसा कमाने की कला को अच्छे से जानते हैं।
- लखपति से करोड़पति बनने के लिए हमें खुद को समय के साथ बदलने का स्वभाव बनाना होगा।
- अमीर बनने के लिए सिर्फ उन्हीं लोगों के साथ व्यापार करो जिनके साथ आपके विचार मेल खाते हों।
- पैसा कमाने के लिए तूफानों से जूझनें की जरूरत नहीं होती बल्कि खुद एक तूफान बनना पड़ता है।
- हमारा भविष्य हमें बीते जमानें में हुई हमारी सभी गलतियों को सुधारने का बहुत अच्छा मौका देता है।

- आने वाले समय में आजादी का आनंद लेने के लिए हमें आज से ही काफी सारी दौलत कमानी होगी।
- बीते हुए समय के सभी अनुभवों को याद रखा जाये तो भविष्य में मनचाही दौलत कमाई जा सकती है।
- कुछ लोग भविष्य का इंतजार कर रहे हैं जबकि उसके आने की तैयारियाँ पहले से ही पूरी हो चुकी है।
- हर सपने को बहुत संभाल कर रखो, न जाने किस दिन कौन–सा सपना जिदंगी की हकीकत को बदल दे।
- इस दुनिया में हर काम संभव नहीं होता लेकिन पैसे के दीवाने हर असंभव कार्य को भी संभव बना देते हैं।
- रईस बनने की इच्छा रखने वाले अपनी कमाई हुई दौलत में से कभी भी कोई भी पैसा बर्बाद नहीं होने देते।
- अगर हम अपने वर्तमान की कद्र ठीक से नहीं करते तो हमारा भविष्य भी हमारे लिए कुछ नहीं कर पाएगा।
- सकारात्मक सोच के बिना न तो दौलत कमाई जा सकती है और न ही व्यापार को आगे बढ़ाया जा सकता हैं।
- गलतियों से कभी मत डरो, गलतियाँ ही हमें बुद्धिमान बनाती हैं और बुद्धिमान लोग ही पैसा कमाना जानते हैं।
- पैसे के मिलने से हमें जितनी खुशी मिलती है, उसके रूठ कर दूर जाने से उससे कहीं अधिक दुःख होता है।
- दूसरों से ज्यादा पैसा कमाने के लिए कभी भी अपनी गलतियों या कमियों का दोष दूसरों को नहीं देना चाहिए।
- काम कोई भी मुश्किल नहीं होता वो बात अलग है कि कुछ कार्यों को पूरा करने में थोड़ा अधिक समय लग जाता है।
- भविष्य में अपनी कमियों का दोष किस्मत को देने की बजाए हमें आज से ही अपने कर्मों पर पूरा ध्यान देना चाहिए।
- किस्मत का दरवाजा अगर बार–बार खटखटाने पर भी न खुले तो हमें तुरंत दूसरे दरवाजे की तलाश करनी चाहिए।
- किसी भी चीज़ को यदि हम गहराई से समझना शुरू कर दें तो हमारा नजरिया दूसरों से बिलकुल अलग हो जाएगा।

- आने वाला कल बेशक किसी भी रंग में आऐ परंतु अगर हम चाहें तो उसमें इन्द्रधनुष जैसे खूबसूरत रंग भर सकते हैं।
- अधिक मुनाफा कमाने के लिए नये फैशन के कपड़े, ब्यूटी प्रोडक्टस आदि चीजों से व्यापार शुरू किया जा सकता है।
- भविष्य बेशक जिस मर्जी चाल से आऐ लेकिन हमारे भावी जीवन में बदलाव बहुत शानदार कर सकता है।
- रईस बनने की जिद्द रखने वालों को जब कामयाबी की चाबी नहीं मिलती तो वो बिना देरी किये ताला ही तोड़ देते हैं।
- रईस बनना आसान तो नहीं होता लेकिन अमीरी के रास्ते पर चलते हुए आदमी मजबूत और बुद्धिमान बहुत हो जाता है।
- हम जितना अधिक सीख सकते हैं हमें सब से पहले वो सब सीखना चाहिए पैसा तो उसके बाद भी कमाया जा सकता है।
- भविष्य में सबसे अच्छे फल सिर्फ उन्हीं लोगों को मिलते हैं जो वर्तमान में अपने सारे कर्म बेहतर ढंग से करना जानते हैं।
- भविष्य की खुशियों को महसूस करना अच्छी बात है, लेकिन भविष्य की चिंता करने या उस से डरने की जरूरत नहीं होती।
- हम बेशक दूसरों से थोड़ा आगे पहुंच चुके हैं, लेकिन यहां भी रुकने की जरूरत नहीं अभी तो हमें और बहुत आगे जाना है।
- कुछ लोग कामयाब होने के लिए सिर्फ सपने देखते हैं, ऐसे में वो यह भी भूल जाते हैं कि इसके लिए काम भी करना पड़ता है।
- जो कुछ हम कर चुके हैं उसे भूल कर यह देखना महत्त्वपूर्ण है कि अब पैसा कमाने के लिए क्या कुछ करना अभी बाकी है।
- जितना पैसा अभी तक हमारे पास है जब तक हम उसे ठीक से संभालना नहीं सीख लेते हम और अधिक पैसा नहीं कमा पाएंगे।
- भविष्य को ले कर कभी भी जरूरत से अधिक बेचैन होने की जरूरत नहीं होती क्योंकि वो अपने समय से पहले कभी नहीं आता।
- दौलत कमानी है तो भूतकाल को भुला कर भविष्य को देखो क्योंकि भूतों के साथ समय गुज़ारना किसी को भी अच्छा नहीं लगता।
- अगर हम अपना हर काम सच्चे मन और प्यार से करना शुरू कर दें तो दुनिया के दूसरे लोगों से बहुत अधिक धन कमा सकते हैं।

- बीते हुए कल की चिंता में डूबे रहने से कही अधिक अच्छा है कि हम खुशी–खुशी भविष्य को आदर–सम्मान से स्वीकार करें।
- आजकल कोई बहुत देर से सोता है, कोई बहुत जल्द उठता है लेकिन सबसे महत्त्वपूर्ण यह है कि हम जागते समय क्या कुछ करते हैं।
- रईस बनने के बाद लोगों की जिदंगी किताबों की तरह हो जाती हैं, उनके पास ज्ञान तो भरपूर होता है मगर होंठ सदा खामोश रहते हैं।
- आम आदमी को जीवन में सिर्फ परेशानियाँ दिखाई देती हैं जबकि गुणी लोग उन्हीं कठिनाइयों के बीच कमाई के मौके तलाश कर लेते हैं।
- एक बार यदि हम जी भर कर पैसा कमा लें तो फिर वो सारे काम भी आसानी से कर पाएंगे जिनके हम ने अभी तक सिर्फ सपने देखे हैं।
- अच्छे दिनों के लिए भविष्य का इंतजार करना अच्छी बात है, लेकिन इस इंतजार में वर्तमान की जिम्मेदारियों को नहीं भूलना चाहिए।
- भविष्य के बारे में कभी भी जरूरत से अधिक नहीं सोचना चाहिए क्योंकि इससे हम बेवजह ही बहुत सारी समस्याओं को पैदा कर लेते हैं।
- जब पैसा कमाने की राह पर आगे बढ़ना शुरू कर दो तो उसके बाद दोस्त, रिश्तेदारों की बातों पर ध्यान देना बिलकुल बंद कर देना चाहिए।
- हमारे पास पैसा बनाने के बेशक कितने भी आइडियाज क्यों न हो लेकिन जब उनके ऊपर काम शुरू नहीं करते उसका लाभ हमें कभी नहीं मिलेगा।
- दुनिया के कुछ सबसे अमीर लोगों ने अपनी स्कूल–कॉलेज की पढ़ाई पूरी नहीं की लेकिन उन्होंने कॉलेज छोड़ने के बाद सीखना शुरू कर दिया।
- यदि हम बीते हुए कल को ही बेहतर मानते हैं तो इसका सीधा मतलब यही निकलता है कि हम आने वाले कल की एहमियत को ठीक से नहीं जानते।

- दूसरों की दौलत देख कर ईर्ष्या करने से कुछ हासिल नहीं होता, रईसी का आनंद लेना है तो अपने सुखों को त्याग कर दौलत कमाने में लग जाओ।
- अच्छाई और बुराई को कभी भी पैसे से जोड़ कर नहीं देखना चाहिए क्योंकि यह हमारी सोच पर निर्भर करता है कि हम पैसे का कैसे इस्तेमाल करते है।
- आज तक कोई भी इंसान अपने भविष्य को जादू से हकीकत में नहीं बदल पाया, रईस बनने के लिए मेहनत और पागलपन जैसा जुनून भी जरूरी होता है।
- धनी लोगों की एक और खासियत, यह होती है कि यह अपने कुछ ही मित्र रखते हैं परंतु जो भी इनके करीबी होते हैं उनकी हर बात का पूरा ध्यान रखते हैं।
- अगर कोई इंसान हमें यह कहता है कि मुझे तुम्हारे जैसा नहीं बनना तो उसे सीधा जवाब दो कि फिक्र मत करो, तुम कभी भी मेरे जैसे नहीं बन पाओगे।
- मेहनत तो सभी लोग करते हैं, फिर भी सभी अमीर नहीं बन पाते, इसलिए अगर पैसा कमाना है तो हमें अपनी मेहनत के तरीकों में सुधार करते रहना चाहिए।
- हमें सबसे पहले अपनी कमाई का लक्ष्य बनाना चाहिए उसके बाद उसे पूरा करने की योजना और आखिर में उसे हकीकत बनाने के लिए काम शुरू करना चाहिए।
- आने वाला कल अपने साथ क्या चुनौतियाँ ले कर आयेगा यह तो हम नहीं जानते लेकिन हमें उनसे मुकाबला करने के लिए तैयारी आज से ही शुरू करनी होगी।
- बुद्धिमान अमीर लोग अच्छे से समझते हैं कि गलतियों से बचना नामुमकिन है, इसलिए कामयाब होने के लिए उन्हें स्वीकार कर सुधार करने की कोशिश करनी चाहिए।
- धनवान लोगों के पास बेशक कितना भी पैसा क्यों न हो परंतु वो यह जानते हैं कि यदि बुद्धिमानी से और अधिक पैसा कमाना है तो अभी बहुत कुछ और नया सीखना होगा।

- हम अपने जीवन में बहुत सारी चीज़ों का उपयोग नहीं कर पाते लेकिन सबसे अधिक अफसोस उन लोगों के लिए होता है जो सारी उम्र अपने दिमाग का सही ढंग से इस्तेमाल नहीं करते।

ऑनलाइन से व्यापार :-

जब हम पहली बार किसी किस्म का बिजनेस शुरू करते हैं तो हमारे मन में अनेकों प्रकार के सवाल उठते रहते हैं। अगर हिम्मत कर हम कोई छोटा–मोटा कारोबार शुरू कर भी लेते हैं तो उसे और आगे बढ़ाने के नाम पर हमारे पसीने छूटने लगते हैं। अधिकतर लोगों को लगता है कि व्यापार को बड़ा करने के लिए लाखों रुपये की जरूरत होगी। अलग–अलग शहरों में दुकान या ऑफिस खोलने होंगे। यह सारे सवाल उस समय तक हमें परेशान करते हैं जब तक हमें पूर्ण रूप से जानकारी नहीं होती। इंटरनेट की दुनिया ने यह सब कुछ बहुत आसान कर दिया है। अगर हमारे व्यापार का ब्रैंड बाजार में अच्छी जगह बना चुका है तो बहुत सारे लोग अपना पैसा लगा कर हम से जुड़ना चाहेंगे। अब वो पहले वाली बात नहीं रह गई कि व्यापार बढ़ाने, बिजनेस को दूर तक फैलाने के बारे में जब किसी से भी बात करते थे तो तकनीकी रूप से कुछ समझाने की बजाए हमें यंत्र, तंत्र एवं मंत्र आदि अपनाने का सुझाव देने लगते हैं। यहां तक कि गुगल पर भी यदि कारोबार को बढ़ाने के लिए हम सर्च करते हैं तो वहां भी ऐसे ही अंधविश्वासियों के सैकड़ों विज्ञापन देखने को मिल जाते हैं। आज का दौर पहले की तरह नहीं रहा। पहले हम लोग अपने उत्पाद के गुण बता कर उसे बाजार में बेचा करते थे। लेकिन आज का ग्राहक अपनी जरूरत के मुताबिक कोई भी चीज़ खरीदता है। इसलिए हमें सबसे पहले ग्राहक को क्या चाहिए, उसकी जरूरत को अच्छे से समझना होगा। जब यह सारी बात हो जाये तो उसी के मुताबिक हमें अपने सामान या सेवा के बारे में बात करनी चाहिए। किसी भी चीज को बेचने के लिए हम सबसे अच्छे टिप्स जीवन बीमा ऐजंट से ले सकते हैं। उनकी खासियत यह होती है कि वो हमारे सामने बैठ कर हमारे मरने के फायदे हमारे घरवालों को समझा देते हैं। आज जरूरत है ऐसे नये आईडिया की जिससे ग्राहक

की समस्यायों को खत्म किया जा सके। उनका जीवन आसान बन सके। ग्राहक और उसके परिवार की सेहत अच्छी बन पाये। कुछ लोग यह सोचते हैं कि हमारे उत्पाद महंगे हैं, इन्हें बाजार में बेचना मुश्किल होगा। यहां हम उदाहरण देना चाहेंगे लग्जरी कार बनाने वाली ब्रिटेन की कंपनी रॉल्स–रॉयस की। उनकी कार का जो नया मॉडल भारत में आया है उसकी कीमत तकरीबन 7 करोड़ रुपये है। आपको जानकर हैरानगी होगी कि पिछले 100 साल से यह कम्पनी कार बना रही है और ग्राहकों को हमेशा ही उसे लेने के लिए इंतजार करना पड़ता हैं। अब इससे महंगा तो हमारा सामान नहीं हो सकता।

अगर ये लोग अपनी इतनी महंगी कार लाईन लगा कर बेच सकते हैं तो हम क्यों नहीं अपने कारोबार को नये बाजार तक ले जा सकते हैं। जो लोग अपने बिजनेस को अपने दिल में और अपने दिल को सिर्फ बिजनेस में रखना जानते हैं उनके लिए व्यापार को बुलदिंयों तक पहुंचाना कोई कठिन काम नहीं है।

- समझदार व्यापारी कम समय में अधिक काम करने का कौशल रखते हैं।
- बुद्धिमान व्यापारी बाजार की तरह इंटरनेट पर भी हर चीज बेचने का हुनर जानते हैं।
- आज के समय में अच्छा व्यापार करने के लिए प्रचार–प्रसार का ध्यान रखना बहुत जरूरी होता है।
- अगर आपके अदंर अच्छा लिखने का हुनर है तो आप ब्लाग लिख कर अच्छी खासी कमाई कर सकते हैं।
- सबसे सफल व्यापारी वही होता है जो अपने कामकाज के साथ हिसाब–किताब रखने में होशियार होता है।
- आज के समय में जो लोग इंटरनेट को जितना अच्छे से समझ पायेंगे उतना ही अधिक पैसा कमा सकेंगे।
- सोशल मीडिया में इतनी ताकत है कि वो आपके टैलेंट को चंद मिनटों में लाखों लोगों तक पहुंचा सकता है।
- आज के समय में आटे से ज्यादा डाटा सस्ता है उसका फायदा उठा कर बेशुमार दौलत कमाई जा सकती है।

- आज की पीढ़ी को यह सोच कर हैरानगी होती है कि हमारे बुजुर्ग बिना इंटरनेट और गूगल के कैसे जीते थे।
- ऑनलाइन इंटरनेट की दुनिया में पैसा कमाने का सबसे आसान तरीका हैं कि अपना 'नेटवर्क' बड़ा करते रहो।
- आज के दौर में यदि अमीर बनना है तो इंटरनेट की हर छोटी से छोटी बात को गहराई से समझना शुरू कर दो।
- आजकल गूगल बाबा भी सिर्फ उन्हीं लोगों से प्यार करता हैं, जिन्हें सोशल मीडिया पर बहुत सारे लोग चाहते हैं।
- ऑनलाइन काम करने के लिए हमें सबसे पहले यह देखना होगा कि हमारा सामान, डिजाईन बहुत ही खास होना चाहिए।
- इंटरनेट पर अनेकों विशेषज्ञ इस विषय पर अपनी वीडियो, ब्लॉग आदि बनाते रहते हैं उनसे हम बहुत लाभ उठा सकते हैं।
- ऑनलाइन व्यापार करने की बारीकियों को अच्छे से समझने वाले चंद ही दिनों में लाखों रुपये कमाने का हुनर सीख जाते हैं।
- आज के समय में अगर कोई व्यापारी इंटरनेट से नहीं जुड़ा हुआ तो इसके यही मायने हैं कि वो बाजार में काम नहीं कर रहा।
- बिजनेस में बदलाव करना जरूरी होता है, लेकिन कुछ भी नया करने से पहले यह जांच लें कि इसमें नुकसान तो नहीं होगा।
- भगवान तो हमें खाली दिमाग दे कर भेजता है, उसमें सही किस्म का सॉफ्टवेयर डाल कर ही अमीर बनने की शुरुआत की जा सकती है।
- ऑनलाइन काम करने के लिए हमें आए दिन इंटरनेट की परेशानियों से झूझना पड़ता है इससे नफरत मत करो क्योंकि इसके बिना हम आगे नहीं बढ़ पाएंगे।
- ऑनलाइन काम करने के लिए हमारा कम्पयूटर हमें कुछ नहीं बताता कि हमें क्या करना है, वो तो सिर्फ उतना ही काम करेगा जितनी हम उसे कमांड देंगे।
- कुछ समय पहले तक टीचर बच्चों को पढ़ाते और सिखाते थे, लेकिन इंटरनेट के इस युग में आजकल के बच्चे भी अपने टीचर को बहुत कुछ सिखाने लगे हैं।

- आज के समय में पैसा कमाने में सोशल मीडिया बहुत अहम रोल निभा रहा है, हमारी चंद मिनटों की एक वीडियो वायरल होते ही न सिर्फ हमारी जिदंगी बल्कि तकदीर और तस्वीर भी बदल सकती है।

मिशन डस्ड :-

- आज के समय में दुनिया में सबसे तेजी से पैसा कमाने का एक आसान तरीका डस्ड ही हैं।
- रईस बनने के सपनों की सच्चाई का आनंद उठाना चाहते हो तो डस्ड से उम्र भर का नाता जोड़ लो।
- बिना निवेश किये अगर सारी उम्र पैसा कमाना चाहते हो तो नेटवर्क मार्केटिंग का काम करना शुरू कर दो।
- नेटवर्क मार्केटिंग में काम करने वाले सिर्फ पैसा ही नहीं कमाते बल्कि वो एक इतिहास रचने का दम रखते हैं।
- आप भी अगर अपने हर सपने में जान डालना जानते हो तो नेटवर्क मार्केटिंग से बेहतर कोई विकल्प नहीं हो सकता।
- पैसा कमाने के साथ दुनिया की हर खुशी का आनंद पाने के लिए एक मजबूत टीम बना कर काम करना सबसे बेहतर होता है।
- नेटवर्क मार्केटिंग में सिर्फ वही लोग कामयाब हो पाते हैं जो मेहनत करने के साथ इस काम को सही ढंग से सीख कर शुरू करते हैं।
- डस्ड में काम शुरू करने से पहले खुद को इस तरह से तैयार करो कि अपने फायदे से पहले अपनी टीम के सदस्यों की तरक्की का ख्याल रखना होगा।
- दूसरे किसी भी काम में पहचान बनाने के लिए हमें जितनी मेहनत करनी पड़ती है उससे बहुत कम प्रयास में नेटवर्क मार्केटिंग में लोग खुद हमें पहचानने लगते हैं।

❍

.8.

जोखिम से बनते है जल्दी अमीर

हमारी जिदंगी में कई बार ऐसा समय आ जाता है जब यह महसूस होने लगता है कि मुश्किल दौर कभी खत्म ही नहीं होगा। आखों के आगे इतना अधेंरा छा जाता है कि कहीं भी कोई रास्ता दिखाई नहीं देता, हर तरफ नाउम्मीदी के साये डराने लगते हैं। जिदंगी की रफ्तार पर एक ब्रेक सा लग जाता है। लेकिन सच्चाई यह है कि ऐसा सिर्फ कुछ समय के लिए ही होता है। रात कितनी भी गहरी क्यों न हो वो आज तक सूरज को आने से नहीं रोक पाई। हम अपनी रोजमर्रा की जिदंगी में कोई भी काम करते हैं वो चाहे हमारे घर का निजी काम हो या व्यापार से जुड़े पैसे के लेन–देन का। हर जगह किसी न किसी प्रकार का रिस्क तो जरूर होता है। आम आदमी की भाषा में इसे ऐसे भी कहा जा सकता है कि हम जो भी काम करते हैं और जब हमारी इच्छानुसार नतीजे नहीं मिलते तो उसे रिस्क कहते हैं। यहां एक बात को अच्छे से समझना होगा कि सिर्फ पैसा कमाने में ही नहीं जिदंगी के हर कदम पर जोखिम है। इसी के दूसरे पहलू को देखा जाये तो जब तक हम रिस्क उठाने के लिए खुद को तैयार नहीं करते, उस समय तक हमें खुद यह अंदाजा नहीं होता कि हम दूसरों से अलग हट कर क्या कुछ कर सकते हैं, कितना पैसा कमा सकते हैं। हमारे अंदर क्या–क्या गुण हैं, हमारी योग्यता एवं क्षमता कितनी है। हम वो सारी असलियत को कभी नहीं जान पायेंगे। इस पुस्तक में हम पैसा कमाने और उसे फिर से निवेश कर कमाई बढ़ाने की बात करेंगे। हमारा यही प्रयास है कि हम पैसे, निवेश और कमाई से जुड़े जोखिम की ही बातों को ठीक से जान पाये। जब भी हम बिजनेस में लेन–देन करते हैं तो हमारा रिस्क यह

होता है कि क्या हमारी रकम ठीक मुनाफे के साथ वापिस आ पायेगी या नहीं। कर्ज लेने वाले का रिस्क यह होता है कि जिस काम के लिए उसने पैसा या कोई वस्तु ली है क्या वो तय समय पर उसे पूरा कर पायेगा। वरना इससे उसको नुकसान होने के साथ बाजार में अनेक परेशानियों से जूझना पड़ सकता है। हर कारोबारी यह जानता है कि बाजार में एक बार नाम खराब होने से बरसों पुराने विश्वास को धक्का लग सकता है। वैसे भी कहा जाता है कि उस खेल को खेलने का क्या मज़ा जिसमें जीत पहले से ही फिक्स हो, असली मज़ा तो तभी आता है जब खेल में थोड़ा रिस्क हो।

कमाई को लगातार बढ़ाने के लिए निरंतर रिस्क तो लेने ही पड़ते हैं:–

- अमीर बनने के सारे सबक गरीबी में गुजारे हुए दिन ही हमें सिखाते हैं।
- बुद्धिमान व्यापारी जानते हैं कि किस समय कितना रिस्क लेना ठीक होगा।
- रचनात्मक रिस्क लिए बिना आज तक कोई भी व्यक्ति अमीर नहीं बन पाया।
- हमारी योग्यता का आकलन हमारे सिवाए कोई दूसरा व्यक्ति नहीं कर सकता।
- हम अपने लिए उतनी ही दौलत कमा पाते जितना हम जीवन में जोखिम उठाते हैं।
- दूसरों से डर कर जीने वाले कभी भी अमीर बनने के सपनों को सच नहीं कर पाते।
- धन–दौलत कमाने के लिए सही मौके का सही समय पर इस्तेमाल कर लेना चाहिए।
- हमारा नसीब हमारे अलावा कोई दूसरा इंसान तो क्या भगवान भी नहीं लिख सकते।
- अपने अदंर छिपे हुए हुनर को पहचानने के लिए एक बार तो रिस्क लेना ही पड़ता है।
- रईस बनने के लिए जिदंगी में न चाहते हुए भी हमें अनेकों बार जोखिम उठाने पड़ते हैं।

- जिदंगी में हर मौके का फायदा उठाने के लिए हमें जोखिम रूपी कीमत चुकानी पड़ती है।
- बहुत सारे लोग आज वो काम करना चाहते हैं जो उन्हें बरसों पहले कर लेना चाहिए था।
- जो कुछ हम हर समय सोचते रहते हैं उसी के मुताबिक ही हमारी औकात बनने लगती है।
- हमें हर वो रिस्क जरूर लेने चाहिए जो हमें अमीर बनाने में मददगार साबित हो सकते हैं।
- पैसा कमाने वाले लोग जानते हैं कि जोखिम लिए बिना जिदंगी जीने का मज़ा नहीं आता।
- रईस बनने की मंजिल को पाने के लिए कितने ही कठिन रास्ते पर चलना पड़े चलते रहो।
- अपने सपनों को सच्चाई में बदलते देखना चाहते हो तो रिस्क लेने से कभी नहीं डरना चाहिए।
- छोटी–छोटी बातों को सदैव अनदेखा कर अपना ध्यान सकारात्मक विचारों में लगाना चाहिए।
- दौलत तो कोई भी आदमी कमा ही लेगा बस उसके मन में पैसा कमाने का जज्बा होना चाहिए।
- जब तक हम अमीर नहीं बन जाते उस समय तक रिस्क लेने से बिलकुल भी नहीं घबराना चाहिए।
- दौलत कमा कर अच्छे दिनों का आनंद लेना है तो पहले बुरे दिनों से सामना तो करना ही पड़ेगा।
- जिस चीज के बारे में जानने की इच्छा और शक्ति होती है वो बहुत जल्द हमें मिल भी सकती है।
- धनवान लोग अपनी आखिरी गलती को ही अपना सबसे अच्छा सबक मान कर आगे बढ़ते रहते हैं।
- जब तक हम जिदंगी में जोखिम नहीं उठाते उस समय तक हमें साधारण जीवन ही गुजारना पड़ेगा।
- जब हम रिस्क ले कर मौके को पकड़ लेते हैं उसके बाद ही हमारी तरक्की का सफर शुरू होता है।

- असल जिदंगी में अमीर बनने से पहले हमें अपनी कल्पनाओं में अमीरों जैसी जिदंगी गुजारनी चाहिए।
- कोई भी परेशानी उस समय तक हमें परेशान नहीं कर सकती जब तक हम उसे परेशानी न मान लें।
- रईस बनने की सोच को सच करने में सबसे बड़ा रिस्क एक ही हैं जिदंगी में कोई भी रिस्क न लेना।
- टीम बना कर पैसा कमाने की योजना पर काम किया जाये तो बहुत हद तक रिस्क कम हो जाता हैं।
- एक साथ किसी को सब कुछ नहीं मिलता लेकिन प्रयास करने से हम सब कुछ हासिल कर सकते हैं।
- अगर हमें ढेर सारा पैसा कमाना है तो हमें अपना सारा ध्यान पैसा कमाने के तरीकों पर लगाना होगा।
- जो लोग अपनी जिदंगी में जोखिम नहीं उठाते वो सारी उम्र दूसरों को अमीर बनाने में ही गुजार देते हैं।
- जोखिम उठाने वाले लोग ही जानते हैं कि इंसान सफलता पाने के लिए कितनी दूर तक जा सकता है।
- जब हमारा मूड हमारे काम पर हावी होने लगता है तो उस समय हमारी सफलता हम से दूर हो जाती है।
- दौलत कमाने के लिए बेशक कोई भी काम करो, राह में जब भी कोई जोखिम आए, उससे भी प्यार करो।
- वो इंसान अपनी सारी जिदंगी में कभी अमीर नहीं बन सकता जिस ने जीवन में रिस्क लेना नहीं सीखा।
- कोई भी जोखिम सिर्फ हमारे दिल और दिमाग में होता है जुनूनी लोगों को सिर्फ अपना लक्ष्य दिखाई देता है।
- जिदंगी में बेशक कितने भी उतार–चढ़ाव क्यों न आएं वो हमारे हौसलों को हमसे दूर नहीं कर सकते।
- हमारी जिदंगी में अनुभव से बढ़ कर कुछ नहीं हो सकता और अनुभव बिना जोखिम उठाए नहीं मिलता।
- जोखिम लेने के डर से हम जिदंगी में कई बार ऐसे मौके गवां देते हैं जिसका पछतावा हमें सारी उम्र रहता है।

- सबसे बड़ा रिस्क एक ही होता है जब हमें मालूम ही नहीं होता कि हम अपनी पूंजी कहाँ निवेश करने जा रहे हैं।
- सफल व्यापारी अपना बिजनेस, सम्पति बेचने की बजाए हमेशा दूसरों का कारोबार खरीदने की कोशिश करते हैं।
- जोखिम उठाने से डरने वालों को हर दिन एक ऐसा काम जरूर करना चाहिए जिससे उन्हें बहुत डर लगता है।
- व्यापार में अगर कोई नुकसान हो रहा है तो वो इस बात को दर्शाता है कि अब बहुत कुछ बेहतर होने वाला है।
- हर अमीर इंसान जीवन में कामयाब हो यह जरूरी नहीं होता लेकिन हर कारोबारी अमीर जरूर बनना चाहता है।
- नौकरी कर जिदंगी तो गुजारी जा सकती है लेकिन अमीर बनने के ख्वाब को कभी पूरा नहीं किया जा सकता।
- हमारे जीवन की सबसे बड़ी सफलता हमारी सबसे बड़ी असफलता से सिर्फ एक कदम की दूरी पर ही मिलती है।
- जितनी जल्दी हम अपने सपनों को योजना में तबदील करेंगे उतनी ही जल्दी लक्ष्मी माँ की कृपा बरसने लगेगी।
- जो लोग जीवन के शुरुआती दौर में जोखिम नहीं उठाते उन्हें फिर सारी जिदंगी परेशानियों में गुजारनी पड़ती है।
- अपने दिमाग की शक्ति को बढ़ाने के लिए विद्वान एवं बुद्धिमान लोगों के बीच अधिक समय गुजारने की कोशिश करें।
- किस्मत बदले या न बदले लेकिन वक्त जरूर बदलता है इसलिए कभी भी अमीर बनने के जज्बे को कम मत होने दो।
- पैसे की चमक तो सभी को नज़र आती है, लेकिन उसे कमाने के लिए दिन–रात की मेहनत किसी को दिखाई नहीं देती।
- रईस बनना चाहते हो तो सबसे पहले उस काम को करो जिसे आज तक कभी किसी ने करने की कोशिश ही नहीं की।
- हम चाहे बस, रेलगाड़ी या हवाई जहाज से सफर करें, रिस्क तो हर जगह है, फिर जिदंगी में जोखिम उठाने से क्यों डरें।
- जिदंगी का दूसरा नाम ही जोखिम है, क्योंकि हर कदम पर इसी से ही तो टकराव होता है। इसलिए इससे कैसा डरना।

- जिस चीज को हमारी बंद आखें देख सकती हैं और दिमाग विश्वास करने लग जाये उसे हासिल भी किया जा सकता है।
- अपने आराम क्षेत्र में बैठ कर हम बेशक कितनी ही योजना क्यों न बना लें, लेकिन पैसा कमाने के लिए उसे छोड़ना ही होगा।
- किसी काम की बारिकियों को समझे बिना उसे करना सबसे बड़ा रिस्क होता है, ऐसे जोखिम लेने से सदा ही बचना चाहिए।
- जोखिम से बचने के लिए हम कहीं भी जायें हमें हर समय जागरूक रहना चाहिए कि हमारे आसपास क्या कुछ नया हो रहा है।
- जब तक हम अपनी कमजोरियों का डट कर मुकाबला नहीं करते उस समय तक हमें अपनी ताकत का सही अंदाजा नहीं लगता।
- जब हम पैसा कमाने की कोई योजना बनाते हैं और उस पर अमल शुरू करते हैं तो हमें रिस्क का भी पूरा अंदाजा होना चाहिए।
- हम चाह कर भी अपने खर्चों को कम नहीं कर सकते, इसलिए हर दिन अपनी कमाई बढ़ाने की कोशिश करते रहना चाहिए।
- यदि हम चाहते हैं कि सामने वाला हमारी हर बात को गौर से सुने तो हमें अपने व्यक्तित्व से उसे प्रभावित करना आना चाहिए।
- हम अपनी चाहत के मुताबिक नहीं बन सकते परंतु जिस चीज पर हमारा अवचेतन मन विश्वास कर लेता है वो जरूर बन जाते हैं।
- अगर हम अपनी जिदंगी के चंद शुरूआती साल परेशानियों में गुजार लें तो बाकी का सारा जीवन काफी आसान बन सकता है।
- सिर्फ मन में इच्छा रखने से कुछ नहीं मिलता, निर्णय लेने से काफी कुछ बदल जाता है और रिस्क लेने से सब कुछ बदल जाता है।
- जब तक हम अपनी समस्याओं का हल ठीक से नहीं ढूंढ पाते उस समय तक हम अपनी परेशानियों को और अधिक बढ़ाते रहते हैं।
- दौलत कमाने के लिए हमें रिस्क लेने से डरने की जरूरत नहीं हम दूसरे असफल लोगों के अनुभव से सीख कर इससे बच सकते हैं।
- धनवान बनने के लिए एक बार निर्णय लेने के बाद इस विषय पर बार–बार चर्चा करने से मन में बहुत सारी दुविधाएं पैदा होने लगती हैं।
- उम्र के साथ कमाई बढ़ाने का एक ही तरीका है कि जो भी नया विषय हमारे सामने आएं उसके बारे में अधिक से अधिक जानकारी लेते रहो।

- अगर हम तरक्की करने के लिए रिस्क नहीं उठाते तो फिर सारी उम्र साधारण चीजों के साथ समझौता कर के ही गुजारनी पड़ेगी।
- अमीर लोग जोखिम और चुनौतियां से डर कर भागते नहीं बल्कि वो अपने मजबूत दिमाग की बदौलत डट कर उनसे मुकाबला करना जानते हैं।
- मुमकिन कार्यों के बारे में तो सभी बात करना जानते हैं लेकिन अगर आपने सच में रईस बनना है तो असंभव चीजों के बारे में सोचना शुरू करो।
- किसी चीज़ को देख कर यह मत सोचो कि मैं तो इसे कभी खरीद ही नहीं सकता, बल्कि यह सोचो कि इस वस्तु को कैसे खरीदा जा सकता है।
- हर धनी व्यक्ति यह जानता है, रिस्क के बिना पैसा नहीं कमाया जा सकता, इसलिए वो जोखिम तो उठाते हैं, लेकिन बहुत सोच–विचार करने के बाद।
- हमें हर दिन अपने अनुभवों को बढ़ाने का प्रयास करते रहना चाहिए क्योंकि इसी से हमारी कमाई में बढ़ोतरी होने के साथ रिस्क कम हो जाता है।
- आजकल व्यापार में जोखिम बहुत सोच–समझ कर लेना चाहिए, क्योंकि कुछ हल्के लोग बहुत भारी बातें कर मूर्ख बनाने की कोशिश करने में माहिर होते हैं।
- पैसा कमाने के लिए हम जब भी कोई काम करते हैं तो रिस्क तो लेना ही पड़ता है, इसलिए इससे डरने की बजाए इसे सदा के लिए खत्म करने की कोशिश करो।
- कुछ अमीर लोग यह सोच कर रिस्क ले लेते हैं कि जितना पैसा और समय हम ने दांव पर लगाया है अगर वो वापिस न भी मिला तो उससे अधिक का अनुभव तो मिल ही जाएगा।

.9.

अपनी आवाज से पैसा कमाओं

एक बात तो हम सभी जानते हैं कि इस दुनिया में मिट्टी से लेकर सोना तक सभी कुछ बिकता है। लेकिन क्या आपने कभी विचारों को बिकते देखा है? क्या किसी की सोच, विचार को भी बेचा या खरीदा जाता है। इस भाग में इसी विषय पर बात करेंगे। आगे बढ़ने से पहले हम यह साफ तौर बता देना चाहते हैं कि हम साधारण बातों की बात नहीं कर रहे। हम बात कर रहे हैं विशेषज्ञों और सलाहकारों की। जो कोई किसी एक खास क्षेत्र में निपुणता हासिल कर लेते हैं। जमाना सिर्फ उन्हीं लोगों की बातों को महत्त्व देता है, जो उनकी जिदंगी को कुछ बेहतर बना सकें। हम सभी महसूस कर रहे हैं कि 'कोरोना' जैसी घातक महामारी ने हर किसी को ऐसे गहरे घाव दिये हैं जिससे हर इंसान निराश और परेशान है। सिर्फ हमारे देश के ही नहीं बल्कि विदेशों में भी बहुत सारे लोगों के कामकाज, व्यापार पूरी तरह से बंद हो चुके हैं। कुछ लोगों की नौकरियाँ चली गई हैं। करोड़पति लोगों के सामने भी रोजी–रोटी और परिवार की जरूरतें पूरी करने की चुनौतियाँ खड़ी हैं। आम आदमी को तो समझ ही नहीं आ रहा कि ऐसे माहौल में क्या किया जाये। पैसा कैसे कमाया जाए? यह एक ऐसा सवाल हम सभी के सामने खड़ा है जिसका जवाब किसी को समझ नहीं आ रहा। इस मुद्दे पर काफी गहराई से विचार–विमर्श करने के बाद हम आपको कुछ ऐसी राज़ की बातें बताएंगे कि आप भी हैरान हो जाएंगे। बिना किसी निवेश के, बिना कोई दुकान या शोरूम खोले, आप जितना चाहो उतना पैसा कमा सकते हो, क्यों, चौंक गये ना? जी हाँ, यह सच है कि बिना निवेश किये भी आप बहुत अच्छी कमाई कर सकते हैं। एक चीज़ तो आपने

भी देखी होगी कि हम जब कभी देश–विदेश में घूमने जाते हैं, तो हमें उस जगह के बारे में जानने के लिए किसी न किसी गाईड की जरूरत पड़ती है। हम उस गाईड को उसके द्वारा दी गई जानकारी के बदले में काफी सारे पैसे देते हैं। इस बात से यह तो साफ हो जाता है कि 'बातें भी बिकती हैं।' बातों को भी बेचा जा सकता है।

हर व्यक्ति के पास कुछ न कुछ ऐसी जानकारियाँ जरूर होती हैं जिससे दूसरों की जिदंगी आसानी से बदली जा सकती है। बस आपको इतना करना है कि उस टैलेंट में महारत हासिल करनी है। जितना अधिक अपनी बातचीत के हुनर को निखार सकते हो, उसे निखारने की कोशिश करो। फिर यही सारी जानकारियाँ अपने फोन, कम्पूयटर के माध्यम से लोगों को बेच सकते हैं। अब आप सोच रहे होंगे कि हमारी बातें कौन सुनेगा और उसके लिए पैसे क्यों देगा? आपने इस अध्याय का शीर्शक तो देखा ही है, हम ने उसमें साफ–साफ बताया है कि "बातें बिकती हैं"–बेचने वाला चाहिए। लोग तो गुब्बारों में हवा तक भर कर बेच देते हैं, हम तो खास बातों की बात कर रहे हैं। आईये अब आपको बताते हैं कि बातें कैसे बिकती हैं? आप अगर कहानी, किताब, लेख लिखना जानते हैं तो बहुत सारे युवा इस हुनर को सीखने के लिए इधर–उधर भटकते रहते हैं। अपनी कलम के हुनर को दूसरों से सांझा करना शुरू करो। आपकी कलम आपके लिए पैसे कमायेगी। यह तो थोड़े से कुछ उदाहरण हैं, लेकिन इनके अलावा भी बहुत सारे ऐसे विकल्प हैं जिन में हाथ आजमाये जा सकते हैं। अब आपको सिर्फ यह देखना हैं कि आप किस विषय के बारे में कितना अच्छे से दूसरों को कुछ नया सिखा सकते हैं। जितना अधिक और बेहतर आप दूसरों तक अपनी बात समझाने में कामयाब हो पायेंगे, उतना ही अधिक पैसा कमा सकते हैं। बस एक बात का ध्यान रखना है कि आपकी हर बात दूसरों से कुछ अलग और खास होनी चाहिए। हम अपनी बात इस ढंग से कहें कि सामने वाला सुनते ही प्रभावित हो जाये। इसके बाद हमें नहीं लगता कि इस विषय के बारे में और अधिक सोचा जाये। फिर देर किस बात की, आप भी जल्दी से शुरू हो जाइये। इससे पहले की कोई दूसरा अपनी बातें बेचने के बारे में सोचे, आप अपनी बातें बेचना शुरू कर दो।

हम उम्मीद करते हैं कि इस अध्याय को पढ़ने के बाद आप भी अपने अंदर छिपे हुए हुनर को पहचान कर कमाई के कुछ दमदार रास्ते जरूर खोल पाएंगे।

- जिस व्यक्ति के पास सबसे कम जानकारी है उसी से हम अच्छा पैसा कमा सकते हैं।
- बुद्धिमान लोग अपने ज्ञान के साथ अपनी बातों का भी भरपूर फायदा उठाना जानते हैं।
- आइडिया बेचने वाले में दम होना चाहिए, आइडिया खरीदने वाले तो बहुत मिल जाते हैं।
- हम सभी को एक ही जिदंगी मिलती है लेकिन रईस बनने के लिए एक ही जीवन काफी होता है।
- डिग्रियों को भूल कर दिमाग से काम करने वालों का काम भी होता है और नाम भी होता है।
- बातें बेचने वाले जानते हैं कि हम जितना कम बोलेंगे लोग उतना ही अधिक सुनना पसंद करेंगे।
- जिन लोगों की आखों पर अंहकार का पर्दा पड़ जाता है, वो बोलने से पहले कुछ नहीं सोच पाते।
- बिना कड़े अभ्यास के कोई भी व्यक्ति अपनी बातों को बेचने के टैलेंट से पैसा नहीं कमा सकता।
- रेडियो और टी.वी. पर बोलने वाले अपनी आवाज की बदौलत लाखों रुपये महीने के कमा रहे हैं।
- सारा जमाना उन्हीं लोगों की कद्र करता है जिनके पास सबसे अधिक ज्ञान और जानकारी होती है।
- हमारी जिदंगी बहुत छोटी है इसलिए हमें अपने टैलेंट का अधिक से अधिक इस्तेमाल करना चाहिए।
- एक कामयाब एंकर को पैसे के पीछे नहीं भागना पड़ता बल्कि दौलत खुद चल कर उसके पास आती है।
- हमें किसी के बजट से कोई लेना–देना नहीं, हम अपने हुनर को सिर्फ अपनी शर्तों पर ही बेच सकते हैं।
- जो लोग हर दिन अपनी दक्षता में लगातार बढ़ोतरी करते रहते हैं वही कामयाब हो कर रईस बन पाते हैं।

- रईस लोग बेवजह किसी से बहस नहीं करते समय आने पर वो जवाब के साथ अच्छे से हिसाब भी देते हैं।
- जब तक हम किसी एक खास विषय के विशेषज्ञ नहीं बन जाते हम अपने विचारों से पैसा नहीं कमा सकते।
- हर दिन पहले से अधिक कमाई करने के लिए हमें हर दिन कुछ नया सीखना और सिखाना जरूरी होता है।
- बोलना तो हर कोई जानता है, लेकिन दौलतमंद लोग हर बात बहुत सोच–समझ कर सही समय पर बोलते हैं।
- जब किसी खास विषय पर विशेषज्ञ की राय जाननी हो तो उस समय कुछ देर अकेले बैठ कर खुद से बात करो।
- पैसे कमाते समय इस बात का ध्यान रखना भी जरूरी है कि हम समाज में अपनी प्रतिष्ठा भी कायम कर सकें।
- अपने अदंर छिपे हुए टैलेंट को निखारने के लिए बहुत ज्यादा पैसों की नहीं बल्कि थोड़ी मेहनत की जरूरत होती है।
- हर बात बहुत सोच–समझ कर बोलनी चाहिए वरना थोड़ी सी लापरवाही हमारे पैसे को हमसे दूर कर सकती है।
- वैसे तो हर चीज की कद्र करना जरूरी होता है लेकिन हमें सबसे अधिक अपने टैलेंट को सुरक्षित रखना चाहिए।
- अगर कुछ लोग हमारा विरोध कर रहे हैं तो इससे यह अंदाजा हो जाता है कि हम दूसरों से कुछ अच्छा कर रहे हैं।
- जब कभी मौका मिले घर के बड़े–बर्जुगों के साथ भी बैठना चाहिए क्योंकि ज्ञान की सारी बातें गूगल पर नहीं मिलती।
- अगर हम दूसरों को एक विशेषज्ञ की तरह मोटिवेट करना सीख ले तो एक दिन में लाखों रुपये आसानी से कमा सकते हैं।
- आज के समय में हर इंसान की जिदंगी में इतनी समस्याएं हैं कि हम उन्हें हल कर के अच्छा खासा पैसा कमा सकते हैं।
- जब कभी चारों और से कमाई के रास्ते बंद हो जाएं उस समय भी हमारा टैलेंट हमें पैसा कमाने के अनेक मौके दे सकता है।
- किसी चीज को हम कितना बेहतर या बदतर बना सकते हैं यह निर्भर करता है कि हमारे पास कितनी अच्छी जानकारी है।

- एक–एक शब्द को बेचा जा सकता है बस उसके लिए हमें हर शब्द के लिए कई दिनों तक पहले से तैयारी करनी होगी।
- जब तक हमारे अंदर दिन–रात नये विचार पैदा करने का जुनून पैदा नहीं होता उस समय तक अमीर बनना कठिन काम है।
- किसी भी व्यक्ति को हम अपनी बातों से सिर्फ तभी प्रभावित कर पाते हैं जब अपने विचारों को खुले दिल से उनके सामने रखते हैं।
- कुछ भी नया शुरू करने के लिए आज का दिन सबसे अच्छा है क्योंकि जितनी ताकत आज हमारे पास है उतनी फिर नहीं होगी।
- जब लोगों को हमारे विचार समझ आने लगते हैं तो वो इतना पैसा देने को तैयार हो जाते हैं जितना हम ने कभी सोचा भी नहीं था।
- जितना बड़ा बन सकते हो उतना बड़ा बनो लेकिन उनके सामने हमेशा झुक कर रहना चाहिए जिन्होंने हमें बड़ा बनने में मदद की हो।
- बोलना तो हर कोई जानता है लेकिन कौन सी बात कब बोलनी है जिससे कमाई की जा सके यह बात बहुत कम लोग जानते हैं।
- आज दुनिया वाले बहुत पैसा खर्च करने को तैयार हैं, बस शर्त सिर्फ इतनी है कि हम उनके जीवन की परेशानियों को हल कर सकें।
- बात चाहे समझ की हो या समझाने की, बहुत ध्यान से कहनी चाहिए, क्योंकि एक छोटी सी गलतफहमी हमें मंजिल से दूर कर सकती है।
- हमारे देश में अधिकतर औरतें अपने अंदर छिपे हुए हुनर को न तो ठीक से जान पाती हैं और ही जमाने के सामने दिखा पाती हैं।
- अमीर लोग अच्छे से जानते हैं कि किसी भी बात को बोलना बहुत आसान होता है, जबकि उसे सुनना और समझना बहुत कठिन होता है।
- हर इंसान के पास एक खास किस्म का हुनर जरूर होता है बस उसे जमाने के सामने लाते ही अच्छा खासा पैसा कमाया जा सकता है।
- टैलेंट एक बीज की तरह होता है अब यह हम पर निर्भर करता है कि हम उसको एक अच्छा पेड़ बना कर उससे कितना फल ले पाते हैं।
- आज के दौर में हमारे पास बेशक कोई कॉलेज की डिग्री हो या न हो लेकिन अपने हुनर की बदौलत मनचाही दौलत कमाई जा सकती है।

- अगर हो सके तो अपने ज्ञान से दुनिया को कामयाबी की राह पर चलना सिखाओ, क्योंकि बहुत सारे लोग इस डगर पर चलने से डरते हैं।
- हो सकता है कि कुछ लोग हमारे टैलेंट को ठीक से न समझ पाएं लेकिन हमें उनकी परवाह किये बिना उसे लगातार निखारते रहना चाहिए।
- बातें बेचने से पहले इस बात का ध्यान जरूर रखना चाहिए कि 'जमाने में बात सिर्फ उन्हीं लोगों की होती है जिनके अंदर कोई खास बात होती हैं।
- जो महिलाएं अच्छा खाना बनाना जानती हैं, वो उसके बनाने के तरीके लोगों को समझा कर, अपने लिए घर बैठे पैसे कमाने का जरिया बना सकती हैं।
- हमें अपनी सलाह देने से पहले दो बातों का ध्यान रखना चाहिए कि बुद्धिमान लोगों को सलाह की जरूरत नहीं होती और मूर्ख लोग हमारी सलाह मानेंगे नहीं।
- भगवान हर इंसान को कोई न कोई टैलेंट तौहफे के रूप में दे कर भेजता है, अब यह हमारा फर्ज बनता है कि हम उसे कितना निखार कर वापिस भगवान को देते हैं।
- हंसी–मज़ाक सुनना सभी को अच्छा लगता है। आप सिर्फ जोक्स सुना कर 'स्टैंड–अप' कमीडीअन बन सकते हो, इस व्यवसाय से भी लोग बहुत मोटी रकम कमा रहे हैं।
- हम लोगों को क्या कहते हैं, कैसे कहते हैं, इस बात से इतना फर्क नहीं पड़ता, फर्क सिर्फ उस बात से पड़ता है कि हम उनकी जिदंगी में कितना बदलाव ला पाते हैं।
- एक बात तो पक्की है कि हम सभी बातें करना तो जानते हैं, लेकिन कब, कहाँ और कैसे बात करनी है, जो इस कला को जानते हैं वो बहुत सारे करिश्में कर सकते हैं।
- बातों से कमाई करने वाले लोग हर शब्द को बहुत सोच–समझ कर बोलते हैं क्योंकि वो जानते हैं कि अगर हम अपनी बात ठीक से नहीं समझा पाएं तो बहुत नुकसान हो सकता है।

- अक्सर पीठ पीछे लोग हमारे बारें में बहुत कुछ बोलते हैं, लेकिन हमें डरने की जरूरत नहीं क्योंकि जमाना सिर्फ उन्हीं लोगों की बात करता है जिनके अदंर कुछ खास बात होती है।
- आज हर आदमी कुछ नया सीखना चाहता है और उसके लिए वो अच्छी कीमत भी देने को तैयार है। हमारे पास जितनी अधिक महत्त्वपूर्ण जानकारी होगी हम उससे उतना अधिक पैसा कमा पाएंगे।
- आमतौर पर लोगों को स्टेज पर बोलने से बहुत डर लगता है, लेकिन अगर आप एक अच्छे 'एंकर' या 'पब्लिक स्पीकर' हैं तो इस हुनर को दूसरों से साझा कर अच्छी खासी कमाई कर सकते हैं।
- कुछ समय से आपने भी देखा होगा कि कुछ लोग सिर्फ खाना चख कर किसी खास होटल, रैस्टोरेंट या उनकी किसी पापुलर डिश के बारें में लोगों को जानकारी दे रहे हैं। इस काम के लिए भी व्यापारी लोग काफी पैसा देने को तैयार रहते हैं।

❍

.10.

करोड़पति कैसे बनें

बचपन से हम सभी कोई न कोई खेल खेलते आ रहे हैं। लेकिन एक खेल ऐसा है जो हर इंसान अपने जन्म के साथ शुरू कर आखिरी समय तक खेलता रहता है, उसे कहा जाता है पैसे का खेल। हालांकि, कुछ लोग कहते हैं कि पैसे से जीवन की खुशियाँ नहीं खरीदी जा सकती, लेकिन यह भी सच है कि पैसे के बिना भी जीवन में किसी सुख का आनंद नहीं लिया जा सकता। इसलिए शायद हर कोई पैसे के पीछे भागने को मजबूर है। हम किसी भी आदमी से कभी भी किसी काम के बारे में बात करते है, सबसे पहले पैसों की बात ही होती है। दिन के शुरू होने से लेकर रात तक हमें जीने के लिए जो भी बुनियादी जरूरत की चीजें चाहिए वो सब कुछ पैसे से ही मिलती हैं। सबसे बड़ी बात तो यह है कि पैसे की भाषा ही दुनिया की एक ऐसी भाषा है जिसे हर इंसान अच्छे से समझता हैं। इसीलिए इस पुस्तक की शुरुआत भी पैसों की बात से कर रहे हैं। पैसा कैसे कमाया जाये, पैसे को कैसे खर्च करना चाहिए, पैसे को कैसे बचाना चाहिए आदि। हमारी जिदंगी में दूसरी सभी चीजों से अधिक पैसे का इतना अधिक महत्त्व क्यों है? पैसे की हर बारिकी को गौर से समझने के लिए हमें यह जानना होगा कि इस दुनिया में चंद लोग तो बहुत ही अमीर होते हैं। जबकि दूसरी और अधिकतर इंसान गरीबी में जन्म ले कर गरीबी में ही इस दुनिया को अलविदा कह जाते हैं। अगर हम गरीब परिवार में जन्म लेते हैं तो उस में हमारा कोई दोष नहीं होता। परंतु अगर हम अपनी सारी उम्र मजबूरी और लाचारी के हालात में जीते हैं तो इसकी जिम्मेदारी हम किसी दूसरे व्यक्ति पर नहीं डाल सकते। देखा जाये तो जिदंगी वो नहीं होती जो

हमें मिलती है बल्कि असल जिदंगी तो वो होती है जो हम खुद अपने लिए बनाते हैं। हम में से अधिकांश लोग सारी उम्र यह बात समझ ही नहीं पाते कि अमीर लोग हर दिन अमीर और गरीब लोग और अधिक गरीबी की दलदल में क्यों धंसते जा रहे हैं। इन्हीं बातों के साथ हम इस बात को भी जानने की कोशिश करेंगे कि आखिर पैसा ही हमारे जीवन में इतना अधिक जरूरी क्यों है। हर इंसान बेशुमार पैसा कमा कर सबसे बड़ा रईस क्यों बनना चाहता हैं। लखपति लोग करोड़पति बनना चाहते हैं तो करोड़पति अरबपति बनने में लगे हुए हैं। हमें खुले मन से यह स्वीकार करना होगा कि इस दुनिया में एक भी दिन पैसे के बिना नहीं गुज़ारा जा सकता।

हर व्यक्ति को दिन–रात पैसा कमाने की चिंता क्यों सताती रहती है। एक बात तो हम सभी मानते हैं कि पैसा हमारे जीवन को आसान बनाता है। शायद इसीलिए हर इंसान सभी चीजों को छोड़ कर सारी उम्र पैसे के पीछे भागता रहता है। आज के दौर में सबसे अधिक इज्जत, मान–सम्मान भी पैसे वालों को ही मिलता है। शायद यही कारण होगा कि आज हर छोटे–बड़े इंसान का रोल–मॉडल सिर्फ पैसा ही बन चुका है। सभी माँ–बाप अपने बच्चों को सिर्फ इसलिए अच्छे स्कूलों में पढ़ने के लिए भेजते हैं ताकि पढ़ाई पूरी करने के बाद वो बहुत सारा पैसा कमा सकें। लड़कियाँ भी साधारण एवं गुणी लोगों को छोड़ कर सिर्फ अमीर लोगों से शादी करना पसंद करती हैं। अब गौर करने वाली यह बात है कि रईस लोग ढ़ेर सारी दौलत कमा कर अमीर कैसे बनते हैं। क्या उनके पास कोई ऐसी जादू की छड़ी होती है जिससे छप्पड़ फाड़ कर पैसा मिल जाता है। अधिकतर साधारण इंसान सारी उम्र जी तोड़ मेहनत कर के भी अपनी मूलभूत जरूरतें भी पूरी नहीं कर पाते। अपने बच्चों को अच्छी शिक्षा और उनके छोटे–छोटे सपनों को हकीकत में नहीं बदल पाते। पैसे से जुड़े हर पहलू को समझना कोई मुश्किल काम नहीं है, लेकिन हम उन सभी महत्त्वपूर्ण बातों को जीवन में ठीक से अपना नहीं पाते। आप भी अगर जिदंगी में बहुत सारा पैसा कमा कर अपने अदंर कुछ खास बात पैदा करना चाहते हैं तो नीचे लिखे हुए विचारों पर गहन चितंन करना होगा।

पैसा कमाने के खेल को जीतना है तो हमें सबसे बेहतर बनना पड़ेगा।

- करोड़पति बनने का सपना देखने वाले कभी किसी किस्म के बहाने नहीं बनाते।
- धन–दौलत कभी भी मांगने से नहीं मिलती खुद मेहनत कर कमानी पड़ती है।
- हम धन कमाने के बारे में जितना सोचते हैं उससे कहीं अधिक कमा भी सकते हैं।
- अधिक पैसा कमाना अच्छी बात है, लेकिन पैसे के लालच से सदा ही बचना चाहिए।
- कोई भी खेल खेलना तभी अच्छा लगता है जब उस खेल से हम पैसा भी कमा सकें।
- जिदंगी में इतना पैसा तो जरूर कमाना चाहिए कि मन की कोई भी इच्छा अधूरी न रहे।
- धन कमाना कोई मुश्किल काम नहीं है, बस पानी की जगह पसीने से नहाना शुरू कर दो।
- पैसा कमाने वाले लोग अपनी भावनाओं को दूर रख कर केवल हकीकत को स्वीकार करते हैं।
- किसी भी प्रकार का ज्ञान उस समय तक बेकार है जब तक हम उससे पैसा नहीं कमा सकते।
- मन में अमीर बनने की इच्छा हो तो गलत व्यक्ति को गलत कहने से कभी नहीं चूकना चाहिए।
- अमीर बनने का ख्वाब देखने वाले अपना सारा फोकस सपनों से अधिक अपने लक्ष्य पर रखते हैं।
- पढ़ाई–लिखाई करना अच्छी बात है, लेकिन करोड़पति बनने के बाद कोई भी डिग्रियाँ नहीं देखता।
- व्यापार से जुड़ी हर बात को गंभरीता से लेना सीख लो फिर कभी पैसे की चिंता नहीं करनी पड़ेगी।
- जो लोग अपनी जीवन में धैर्य रखना नहीं जानते उनके लिए पैसा कमाना काफी कठिन हो जाता है।

- करोड़पति बनने का एक ही उसूल है उन सभी बातों को भूल जाओ जो हमारी जिदंगी में फिजूल है।
- पैसा कमाना एक कला है और हर कला को सीखने के लिए बहुत मेहनत और त्याग करना पड़ता है।
- हमें अपनी सोच सदैव अमीरों जैसी रखनी चाहिए क्योंकि उसी के मुताबिक ही हम पैसा कमा पाते हैं।
- रईस लोग आने वाले कल को खूबसूरत बनाने के लिए बीते हुए कल के सारे सबक सदैव याद रखते हैं।
- पैसे की भूख भी अज़ीब है यह जितना अधिक हमारे पास आता है हमारी भूख और अधिक बढ़ने लगती है।
- जिदंगी में अगर खुल कर धन कमाना है, तो अपने शब्दकोश से "बहाने" जैसे अक्षर सदा के लिए हटा दो।
- अमीर लोग सामने वालों की बातों से अंदाजा लगा लेते हैं कि सामने वाला कितना बुद्धिमान या मूर्ख है।
- अमीर बनना चाहते हो नौकरी के बारे में सोचना छोड़ कर दूसरों को नौकरी देने के बारें में विचार करो।
- अमीरी की राह पर आगे बढ़ते समय मन में कभी भी शंका या दुविधा को करीब नहीं आने देना चाहिए।
- पैसा कमाने के हर तरीके को रहस्य ही रहने दो जब तक उसके अच्छे नतीजे आने शुरू नहीं हो जाते।
- तेजी से पैसा कमाने के लिए अपने हर काम को सीधे और सरल ढंग से करने का स्वभाव होना चाहिए।
- पैसे के पीछे मत भागो जो कुछ बेहतर कर सकते हो वो कर के दिखाओ, पैसा खुद आपके पीछे आएगा।
- दौलत कमाने के लिए हमें किसी और से नहीं बल्कि खुद से इसे पाने का वादा कर निभाना आना चाहिए।
- अमीर लोग शकल–सूरत से बेशक कैसे भी हों दुनिया वालों को वो हमेशा ही सबसे खूबसूरत दिखाई देते हैं।
- हम एक बार अगर अच्छे से पैसा कमाना सीख लेते हैं तो उसके बाद हमारी बाकी सारी कमियाँ छिप जाती हैं।

- हमें अपने जीवन में उतना ही पैसा कमाना चाहिए जो हमारे सुकून को हम से दूर कर तनाव न पैदा कर पाये।
- करोड़पति बनने वाले सिर्फ सपने नहीं देखते वो अपने सपनों को पूरा करने के लिए जान तक देने को तैयार रहते हैं।
- धन कमाना भी एक नशे की तरह होता है, जिस किसी को यह नशा लग जाता है वही अमीर बन कर इतिहास बनाते हैं।
- अमीर बनने के लिए बहुत सारी दौलत कमानी है तो हमें सबसे पहले अपना 'विजन' यानी दूरदर्शिता को बड़ा करना होगा।
- रईस बनना चाहते हो तो अपने मन में इतना दृढ़ संकल्प कर लो कि सपने में भी आपको अपनी सोच पर शक न हो।
- जिदंगी में कभी भी पैसा कमाने के ऐसे मौके को नहीं छोड़ना चाहिए जिसके लिए हमें सारी उम्र पछतावा करना पड़े।
- पैसा कमाने वाले कभी बेकार की शिकायतें नहीं करते और शिकायतें करने वाले कभी ढंग से पैसा नहीं कमा सकते।
- रईस लोगों के कारोबार में भी कई बार पैसा काफी कम होता है, लेकिन वो अपनी जिदंगी में दम को कम नहीं होने देते।
- अमीर लोग अपना बिजनेस इस तरह चलाते हैं कि जब कभी वो न भी हो तो भी कमाई पर किसी तरह का असर न पड़े।
- हमेशा ऐसे लोगों के साथ दोस्ती रखने की कोशिश करो जो हर वक्त हमारे भविष्य को उज्जवल बनाने में मदद कर सकें।
- दिखावटीपन से सदा बचने की कोशिश करनी चाहिए वरना कड़ी मेहनत से कमाया हुआ पैसा बर्बाद होने में देर नहीं लगती।
- रईस लोग दुनिया से अलग नहीं होते बस उनका व्यक्तित्व और काम करने का तरीका दूसरे से बिलकुल भिन्न होता है।
- व्यापार कर के पैसा कमाने का सबसे अच्छा समय आज ही है क्योंकि आने वाले समय में यह बहुत तेजी से बदलने वाला है।
- अमीर होने के साथ इस बात का भी ध्यान रखना जरूरी है कि हमारा जमीर भी जिंदा रहे।
- दूसरे लोग कितना और कैसे कमाते हैं उसे भूल कर सिर्फ यह सोचो की हम अपने लिए और अधिक दौलत कैसे कमा सकते हैं।

- आज तक हमने सपने में भी जितने पैसे के बारे में नहीं सोचा उससे कहीं अधिक कमाने की क्षमता हम सभी के अदंर ही है।
- धनवान बनने की चाहत रखने वाले कल का इंतजार नहीं करते, वो जो कुछ करना चाहते हैं उसे आज से ही शुरू कर देते हैं।
- पैसा कमाने का लक्ष्य तो बहुत लोग बनाते हैं लेकिन उस मंजिल को हासिल कैसे करना है यह सीखना बहुत जरूरी होता है।
- जिदंगी की शुरूआत में दौलत कमाने के लिए संघर्ष करना इसलिए जरूरी है, ताकि हम बाकी का जीवन खुशी से गुजार सकें।
- बेशक हमें अनुशासन में रहना अच्छा न लगता हो लेकिन अगर अमीर बनना है तो सबसे पहले अनुशासन को ही अपनाना होगा।
- सबसे पहले गौर से यह सोचो कि हम पैसा कहां से कमा सकते हैं उसके बाद अपनी सारी ताकत सिर्फ उसी काम में लगा दो।
- जो लोग अपना काम दुनिया से अलग हट कर और सबसे बेहतर करने का हुनर रखते हैं, वही करोड़पति और अरबपति बन पाते हैं।
- जिस तरह जिंदा रहने के लिए सांस जरूरी है उसी तरह जब तक जीवन है, हमें धन कमाने के नये तरीकों पर काम करते रहना चाहिए।
- कुछ लोग कहते हैं कि पैसा अच्छा है तो कुछ का मानना है कि पैसा खराब है, लेकिन कोई भी इंसान इसे अपने से दूर नहीं करना चाहता।
- हम धन कमाने के लिए बेशक कोई भी काम करते हों लेकिन जब भी मौका मिले नये गुणों के साथ अपनी कुशलता को बढ़ाते रहना चाहिए।
- किसी कारण से आप आज तक अमीर नहीं बन पाये तो भी घबराने की कोई बात नहीं है, आप आज से दौलत कमाना शुरू कर सकते हैं।
- हर आदमी जितना चाहे उतना पैसा कमा सकता है लेकिन यह हमारी इच्छाशक्ति पर निर्भर करता है कि हम कितना पैसा कमाना चाहते हैं।

- अपनी रईसी को बरकार रखने के लिए हमें कभी भी दिखावे के लिए मंहगी चीजों पर अपने मेहनत की कमाई बेकार में खर्च नहीं करनी चाहिए।
- धनवान लोग जब काम करते हैं तो वो सिर्फ काम करते हैं उस समय वो न तो भूतकाल की और न ही भविष्य की किसी बात की चिंता करते हैं।
- धनवान बनना चाहते हो तो अपने घरवालों और रिश्तेदारों की बातें मान कर उन्हें खुश करने की बजाए अपने सारे निर्णय खुद लेना शुरू कर दो।
- अमीर लोग अपने पैसे के साथ अपने समय और परिवार का भी पूरा ख्याल रखते हैं क्योंकि पैसा कमाने के लिए सभी का सहयोग जरूरी होता है।
- विज्ञान और कला दोनों ही अलग विषय हैं, लेकिन जो इन दोनों को समझने का हुनर सीख लेते हैं, वही सबसे पहले पैसा कमाने में कामयाब हो पाते हैं।
- बुद्धि और ज्ञान से पैसा कमाया जा सकता है, इसलिए पैसे के बारे में सोचने की बजाए हमें अपनी सारी शक्ति बुद्धि और ज्ञान को बढ़ाने में लगानी चाहिए।
- जब अमीर बनने का सपना मन में आ जाये तो उस समय बेकार की चिंताओं और परेशानियों से बचने के लिए बहुत सारी बातों को अनदेखा कर देना चाहिए।
- अमीर लोग कभी भी पैसा कमाने को अपना लक्ष्य नहीं रखते वो अपनी ऊर्जा अपने अन्य लक्ष्यों पर लगाते हैं, पैसा तो अपने आप उसके पीछे आने लगता है।
- अमीर बनने के सपने तो हम सभी देखते हैं लेकिन असल जीवन में पैसा वही कमा पाते जो अपने सपनों को पूरा करने में मेहनत और दिमाग भी लगाते हैं।
- बड़े से बड़ा करोड़पति भी यह जानता है कि उसकी साख, प्रतिष्ठा सिर्फ इस बात पर निर्भर करती है कि समाज वाले उसकी जुबान पर कितना भरोसा करते हैं।

- आजकल पैसा कमाना काफी आसान हो गया है क्योंकि अधिकतर लोग आलसी होते जा रहे हैं और उनकी इस कमी का आसानी से फायदा उठाया जा सकता है।
- इस दुनिया में कुछ भी पाने के लिए उसकी कीमत चुकानी पड़ती है, अब अगर हमें रईस बनना है तो उसके लिए बहुत कुछ कुर्बान करने के लिए भी हमें तैयार रहना होगा।
- पैसे के खेल में सबसे बड़ा बनना चाहते हो तो अधिक से अधिक ज्ञान हासिल करने की कोशिश करो क्योंकि इसके बिना दौलत को अपना बनाएं रखना बहुत कठिन काम होता हैं।

❍

.11.

करोबार कैसे बढ़ाएं

इस दुनिया में रहने वाले करोड़ों–अरबों लोगों के विचार, भाषा रहन–सहन भिन्न–भिन्न हो सकता है, लेकिन हर किसी का एक सपना सामान्य होता है और वो है अमीर बनने का। हर व्यक्ति सारी जिदंगी इसके लिए पूरी जान लगा देता है, लेकिन फिर भी सभी लोग अमीर क्यों नहीं बन पाते। अमीर बनने के लिए क्या कोई खास नियम है, क्या कोई खास हुनर की जरूरत होती है। अमीर बनने के लिए किस तरह की योग्यता का होना जरूरी होता है। इन बातों को कुछ स्मार्ट टिप्स के माध्यम से जानने की कोशिश करें। जब कभी भी हमारी सोच या विचारों की बात होती हैं तो हमें असल में समझ ही नहीं आता कि इनकी असलियत क्या है। एक पल में हमारा मन भूतकाल से जुड़ा होता हैं तो अगले ही क्षण यह भविष्य के सुनहरे सपनों में खो जाता है। क्या विचारों के अदंर सच में इतनी ताकत होती है कि वो हमारी असल जिदंगी को प्रभावित कर सकते हैं। एक दिन में तकरीबन कई हजार विचार हमारे मन में आते हैं। सिर्फ जागते हुए ही नहीं बल्कि जब हम सो जाते हैं उस समय भी हमारे दिल और दिमाग में विचारों की उथल–पुथल चलती रहती है। अब यह कैसे फैसला किया जाये कि कौन से विचार हमें अमीर बनने में मदद करेंगे और किस तरह के विचारों से दूरी बना कर रखनी चाहिए।

पैसा कमाने की सोच के बारे में जब भी बात होती है तो उसका मतलब यह होता है कि हमें सोते–जागते हर समय पैसा ही दिखाई देना चाहिए। हमारे चेतन और अवचेतन मन में अमीर बनने के सपने ही होने चाहिए। अगर हम सारे दिन में केवल चंद मिनटों के लिए अमीर बनने

के बारे में सोचते हैं तो फिर उसको हकीकत बनाना काफी मुश्किल हो जाता हैं। इसका मुख्य कारण एक यह भी है कि हमें बचपन से ही बताया जाता है कि बिजनेस करना, पैसा कमाना आसान नहीं होता। कोई भी कारोबार शुरू करने के लिए बहुत सारा अनुभव और पैसे की जरूरत होती है। हमारे परिवार में तो कभी किसी ने पहले व्यापार किया ही नहीं। इस तरह की नकारात्मक बातें हमारे दिमाग में इतनी गहरी जगह बना लेती हैं कि हम कोई भी व्यापार शुरू करने से पहले ही घबराने लगते हैं। हमें सफलता की जगह अंधकार दिखाई देने लगता है। इसका नतीजा यह होता है कि हम पैसा कमाने से पहले ही डर कर हार मान लेते हैं।

इन बातों से यह साफ हो जाता है कि हमें हर समय अपने दिमाग और उसमें आने वाले विचारों का पूरा ख्याल रखें। यदि हम दौलत कमाने का लक्ष्य बना कर रचनात्मक विचारों का सही ढंग से उपयोग करना सीख लें तो फिर हमें करोड़पति बनने से कोई नहीं रोक पायेगा। हम उम्मीद करते हैं कि अगर दुनिया के सफल और रईस लोगों के अनुभव को जीवन में अपना लिया जाये तो एक आम आदमी भी बहुत जल्द अमीर बन सकता है।

- दौलत हटने से नहीं डटने से मिलती है, इसलिए हमेशा डटे रहो।
- व्यापार शुरू करने से पहले अपने ऊपर पैसा और समय निवेश करो।
- पैसा कमाने की शुरुआत हमारे विचारों से होती है, संसाधनों से नहीं।
- अमीर लोग दौलत के साथ खुशहाल जिदंगी को भी पूरी अहमियत देते हैं।
- जब भी मौका मिले अपना सोशल दायरा बढ़ाने की कोशिश करते रहना चाहिए।
- पैसे को ले कर दूसरों के प्रति मन में ईर्ष्या की भावना रखना बिलकुल कैंसर जैसा है।
- अपने से बेहतर लोगों को साथ ले कर चलने से हमारा जीवन बेहतर बनने लगता हैं।
- कामयाबी की राह तो हमेशा ही सीधी होती है, उलझनें तो सिर्फ हमारे मन में ही होती हैं।

- अकेले चलने वाले डरने की बजाए हर काम को अकेले ही पूरा करने में विश्वास रखते हैं।
- कभी भी दोस्तों के कहने पर या दबाव में आ कर कोई गैरजरूरी चीज़ नहीं खरीदनी चाहिए।
- हम जब भी अपने व्यापार में असफल होते हैं तो वहीं से पैसा कमाने की दूसरी राह शुरू होती है।
- जो व्यक्ति अपने ग्राहक का दिल जीतना जानता है, वो उसे कुछ भी बेच कर पैसा कमा सकता है।
- दुनिया बड़ी तेजी से बदल रही है, यदि दौलतमंद बनना है तो हमें बिजली की गति से चलना होगा।
- दूसरे लोगों को कभी भी अपनी कमाई का कोई ऐसा रहस्य न बताओ जो उनके लिए जरूरी नहीं है।
- जो व्यक्ति हर चीज को गहराई से समझना शुरू कर देते हैं वो हर जगह अच्छी कमाई कर सकते हैं।
- अपनी मेहनत का पूरा फायदा उठाना चाहते हो तो नौकरी छोड़ कर कोई भी अपना कारोबार शुरू करो।
- यदि हम अपने ग्राहक की जरूरतों का ख्याल नहीं रखेंगे तो हमारे प्रतिद्वंद्वी यह काम करना शुरू कर देंगे।
- अगर अमीर बनने का सपना देखा है तो फिर उसके अलावा कभी किसी और चीज की और मत देखना।
- जिदंगी में पैसा कमाना इतना मायने नहीं रखता बल्कि ईमानदारी से पैसा कमाना अधिक महत्त्वपूर्ण होता है।
- काम करने की जगह बेशक छोटी हो लेकिन हमेशा यह सोचो कि व्यापार को बड़ा कैसे बनाया जा सकता है।
- जब तक हम अपने पंख पूरी तरह से नहीं फैलाते हमें अंदाजा ही नहीं हो पाता कि हम कहाँ तक जा सकते हैं।
- लखपति से करोड़पति बनने के लिए हमें अपने मुनाफे को अलग किस्म के व्यापार में निवेश करते रहना चाहिए।
- दुनिया में हर चीज बदलती रहती है हमें भी वक्त के साथ अपनी सोच और जीने का अंदाज बदलते रहना चाहिए।

- जो इंसान जितनी जल्दी अपनी प्रतिभा को पहचान लेता है वो उतनी ही जल्दी सबसे अधिक पैसा कमा पाता है।
- आज तक हम ने अपने जीवन में जितने भी खेल खेले हैं व्यापार का खेल और इसके नियम बिलकुल अलग होते हैं।
- अगर हम भी अपनी इच्छाओं को भूल कर सिर्फ जरूरतों पर ध्यान दें तो हम भी बहुत काफी दौलत कमा सकते हैं।
- यदि हमें खुद पर पूरा भरोसा हो तो फिर दुनिया वाले कुछ भी कहते रहें हम एक न एक दिन अमीर बन ही जाएंगे।
- माँ की कोख से सभी इंसान एक जैसे पैदा होते हैं, बाद में कुछ लोग "बुद्ध" बन जाते हैं और कुछ "बुद्धू" ही रह जाते हैं।
- अमीर बनने की प्रेरणा लेने के लिए हमेशा ऐसे लोगों के साथ दोस्ती रखो जो सफलता का स्वाद अच्छे से चख चुके हों।
- कोई भी व्यक्ति सिर्फ उस समय खुल कर पैसा कमा सकता है जब उसे अपनी हिम्मत और हौसले पर पूरा विश्वास होता है।
- हमारी क्षमता को हमारे से अधिक कोई भी दूसरा व्यक्ति नहीं समझ सकता, इसलिए सबसे पहले अपने गुणों को पहचानों।
- हमें हर दिन अपने खर्चों का हिसाब मालूम होना चाहिए और शाम होने से पहले उससे कुछ अधिक पैसे जरूर कमा लेने चाहिए।
- अमीर लोग जानते हैं कि हमें अपने जीवन को जितना अधिक खुशहाल बनाना चाहते हैं हमें उतना ही अधिक पैसा कमाना होगा।
- हम अपने जीवन में जितनी जल्दी काम शुरू सकें उतनी ही जल्दी हम अपने परिवार में सबसे पहले करोड़पति बन पाएंगे।
- रईस लोग अपने दिमाग और समय का सही ढंग से इस्तेमाल कर के अपने हर लक्ष्य को आसानी से हासिल कर सकते हैं।
- पहले दिन से किसी ने भी करोड़ों रुपये एक साथ नहीं देखे होते, हर कोई धीरे–धीरे मेहनत कर ही दौलतमंद बन पाता है।
- इस दुनिया में सिर्फ वही लोग सबसे ज्यादा दौलत कमा पाते हैं जो अपने से अधिक बुद्धिमान लोगों को नौकरी पर रख सकते हैं।
- अगर हमें 5 या 10 साल में करोड़पति बनना है तो उसके लिए हमें आज से ही अपना लक्ष्य तय करके काम शुरू करना पड़ेगा।

- एक साधारण इंसान का दिमाग भी अच्छी खासी दौलत कमा सकता है, जिसके बारे में उसने कभी सपने में भी नहीं सोचा होता।
- आजकल पैसा कमाने में साथ तो कोई नहीं निभाता बस हमें सिर्फ इतना देखना है कि हमें अमीर बनने से कौन रोक सकता है।
- अपने शौक के लिए काम करना अच्छी बात है लेकिन अगर अमीर बनना है तो सबसे पहले पैसे के लिए काम करना शुरू कीजिए।
- दौलत कमाने वाले सबसे पहले अपने मन से यह विचार निकाल देते हैं कि हम इस दुनिया में साधारण जीवन गुजारने के लिए आए हैं।
- जो लोग किस्मत को भूल कर खुद अपनी जिदंगी को बदलने में विश्वास रखते हैं कुदरत भी उन्हें अमीर बनने में पूरा साथ देती हैं।
- कभी भी हालात को देख कर अपनी हिम्मत मत टूटने दो बल्कि अपनी हिम्मत को इतना मजबूत बना लो कि हालात ही बदल जाएं।
- जब हम पैसा कमाना शुरू करते हैं तो कई बार बहुत पैसा कमाते हैं तो कई बार सिर्फ कुछ नया सीख कर ही संतोष करना पड़ता है।
- हमें कभी भी अपने मन में यह विचार नहीं लाना चाहिए कि पैसा सभी बुराइयों की जड़ है वरना हम कभी भी अमीर नहीं बन पायेंगे।
- बिल गेट्स कहते हैं कि मेरा कभी भी किसी के साथ कोई कम्पटीशन नहीं था, मेरा लक्ष्य सिर्फ खुद को लगातार बेहतर बनाना था।
- जो इंसान अपनी कमजोरियों को स्वीकार कर उन में सुधार करने के लिए तैयार है वही मनचाही दौलत कमाने का हकदार होता है।
- यदि हमें रईस बनने के सपने को सच करना है तो उसके लिए कम से कम 12 से 14 घंटें तक काम करने के लिए भी तैयार रहना होगा।
- अपनी कमाई की कभी कोई सीमा तय नहीं करनी चाहिए क्योंकि हमें खुद यह मालूम नहीं कि हम अभी कितना पैसा और कमा सकते हैं।
- दौलतमंद बनने के लिए एक बार सफल होना जरूरी होता है उससे पहले हम कितनी बार असफल हुए उससे कोई खास फर्क नहीं पड़ता।
- हर असफलता को आसानी से सफलता में बदला जा सकता है बस शर्त सिर्फ इतनी है कि अपने लक्ष्य का पीछा करना नहीं छोड़ना चाहिए।

- धन–दौलत कमाने के लिए हमें पहले मौके की तलाश बहुत सोच–समझ करनी चाहिए, क्योंकि यही हमें फर्श से अर्श तक पहुंचा सकता है।
- हमें जिस क्षेत्र में अपनी कमाई बढ़ानी है उसके लिए पहले से एक खास लक्ष्य और उस लक्ष्य को हासिल करने के लिए योजना बनानी चाहिए।
- जिंदगी में कभी नौकरी करनी पड़े तो वेतन के साथ 'सैल्स कमीशन'' की नौकरी करना। इस लाइन में आप जितना चाहो उतना पैसा कमा पाओगे।
- पैसा तो हमेशा ही हमारे लिए काम करने को तैयार रहता है अब यह हमारे ऊपर निर्भर करता है कि हम उसका कितना फायदा उठा सकते हैं।
- धनवान बनने वाले लोगों के सपने इतने बड़े होते हैं कि उन्हें कामयाब होने के चक्कर में दिन–रात मेहनत के सिवाए कुछ दिखाई ही नहीं देता।
- हर कोई कहता है कि अच्छे विचारों से दौलत कमाई जा सकती है, लेकिन यह कोई नहीं बताता कि आजकल अच्छे विचार मिलते कहां से हैं।
- दूसरों का नजरिया क्या है, उसे भूल कर सिर्फ अपना सारा ध्यान दौलत कमाने पर रखो, क्योंकि हमारे दिल की बातें दूसरे लोग नहीं समझ सकते।
- अपनी जरूरतें तो हर कोई पूरा कर लेता है, हमें कम से कम इतना पैसा तो जरूर कमाना चाहिए कि अपनी सभी ख्वाहिशों को पूरा कर सकें।
- दौलत कमाने वाले बचपन से ही सीख लेते हैं कि जितनी जल्दी हम पैसा कमाना शुरू करेंगे उतना ही अधिक जीवन में उसका सुख ले पायेंगे।
- पेट की भूख रोटी खाने से मिटती है जबकि दिमाग की भूख ज्ञान पाने से पूरी होती है, इसलिए दिमाग की खुराक का भी पूरा ध्यान रखना चाहिए।

- सबसे अधिक पैसा कमाने के लिए एक ही नियम को अपनाने की जरूरत होती है और वो है कोशिश करो, कोशिश करो और अधिक कोशिश करो।
- कुछ लोगों का यह मानना है कि पैसे से खुशियाँ नहीं मिलती, ऐसे लोग क्या यह बताएंगे कि जिनके पास पैसा नहीं होता वो कितने खुश होते हैं।
- कुछ भी खरीदने से पहले खुद से यह जरूर पूछो कि क्या यह सच में मेरे लिए बहुत जरूरी है और इस चीज के बिना मेरा गुज़ारा नहीं हो सकता।
- यदि कोई व्यक्ति बेशक कभी भी स्कूल न गया हो लेकिन वो किसी एक काम का विशेषज्ञ बन जाता है तो भी वो बहुत जल्द अमीर बन सकता है।
- दूसरों की दौलत को देख कर अपनी किस्मत को कभी मत कोसो, क्योंकि प्रभु ने हर किसी को एक जैसी किस्मत दी हैं, उसे पहचानने की कला सीखो।
- यह सच है कि हम कितना भी पैसा कमा लें, आखिर में तो सब कुछ यहीं छूट जाना है, ऐसी बातें ही हमें अमीर बनने में सबसे बड़ी बाधा पैदा करती है।
- इस दुनिया में पैसे की कोई कमी नहीं है हम जितना चाहें उतना कमा सकते हैं। बस जरूरत होती है उन सपनों को पूरा करने के लिए जान लगाने की।
- जीवन में बहुत अधिक पैसा कमाना चाहते हो तो अपनी कमाई के छोटे–छोटे कई हिस्से बना लो, कुछ समय बाद बहुत बड़ी दौलत आपके पास होगी।
- जिस प्रकार शरीर को तन्दुरूस्त रखने के लिए हम व्यायाम करते हैं उसी प्रकार दिमाग को तेज बनाए रखने के लिए कुछ गेम्स जरूर खेलते रहना चाहिए।
- आमतौर पर देखने में आता है कि अमीर लोग बहुत कंजूस होते हैं लेकिन अगर उन्होने थोड़ा–थोड़ा पैसा न बचाया होता तो वो कभी भी अमीर नहीं बन पाते।

- अपने दिल और दिमाग को हमेशा गौर से सुनने और समझने की कोशिश करते रहना चाहिए क्योंकि सिर्फ यही दोनों जानते हैं कि हम अमीर कैसे बन सकते हैं।
- करोड़पति लोग इस बात को समझते हैं कि पैसा कभी भी आसानी से नहीं कमाया जा सकता, इसके लिए वो अपनी छुट्टियों को भूल कर दिन–रात काम करते हैं।
- हमें अपने बिस्तर पर सिर्फ उस समय जाना चाहिए जब बहुत तेजी से नींद आ रही हो, जैसे ही हमारी नींद पूरी हो जाये हमें तुरंत अपना बिस्तर छोड़ देना चाहिए।
- यह मुमकिन नहीं है कि हम हर गरीब की मदद कर पायें, परंतु अगर हर कोई एक गरीब व्यक्ति की मदद करना शुरू कर दे तो बहुत हद तक गरीबी खत्म हो सकती है।
- एक बात हमेशा याद रखनी चाहिए कि हम खुद को कितना भी बेहतर क्यों न बना लें, लेकिन बहुत जल्द हम से भी अच्छा निपुण व्यक्ति हमें टक्कर देने वाला आ ही जायेगा।
- नौकरी करने वाले का हर समय ध्यान घर की जिम्मेदारियों में अधिक होता है, जबकि उसी ऑफिस का मालिक जब काम करता है तो वो अपना 100 प्रतिशत सिर्फ काम में लगाता है।
- आज तक कोई आदमी एक दिन में अचानक अमीर नहीं बन पाया, वो पहले छोटे–छोटे लक्ष्य तय करते हैं, उन्हें हासिल करने के साथ ही वो अपने जीवन के बड़े उद्देश्य की ओर बढ़ने लगते हैं।
- हम जहां भी रहें, हमें हर समय यह देखना चाहिए कि वहां के लोगों की समस्याएं क्या हैं, जैसे–जैसे हम उनकी परेशानियों को हल करते जायेंगे हमारी अमीर बनने की राह आसान होती जायेगी।
- जहां तक मुमकिन हो सके हमें दुनिया के सबसे अमीर लोगों द्वारा लिखी गई पुस्तकें पढ़ते रहना चाहिए, इससे हम वो सब कुछ आसानी से जान पाते हैं जिसकी बदौलत वो लोग रईस बन पाये थे।

❍

.12.

कंगाल से मालामाल

रईस लोग दौलत कमाने के लिए किन खास बातों को सबसे अधिक अहमियत देते हैं जिन्हें एक गरीब व्यक्ति नहीं समझ पाता। जैसा कि हम ने पहले भी लिखा है कि हमारी सोच और विचार ही हमें कंगाल या मालामाल बनाते हैं। रईस बनने का एक ही रहस्य है कि यह लोग अपनी समस्याओं से बचने की बजाए खुद को परेशानियों से बहुत बड़ा और मजबूत बना लेते हैं। इसके अलावा ऐसे और कौन से विचार हैं जो हथियार बन कर किसी भी साधारण व्यक्ति को रईस बना सकते हैं। अब गौर करने वाली बात यह है कि दुनिया के रईस लोगों के बारें में जब भी बात होती है तो एक विचार हम सभी के मन में जरूर उठता है कि आखिर इनके पास कौन सा जादू है जो घर बैठे दुनिया भर की दौलत इन पर मेहरबान रहती है। इनके काम करने का, सोचने का ऐसा क्या खास तरीका है जो यह इतना धन कमाने में सफल रहते हैं। रईस लोगों की तिजोरियाँ किस तरह नोटों से भरी रहती हैं। यह लोग अपना व्यापार किस प्रकार से करते हैं कि लक्ष्मी माँ की कृपा सदा ही इन पर बरसती रहती है। सबसे पहली बात जो इनके व्यापार को देख कर समझ आती है वो यह है कि लखपति से करोड़पति और करोड़पति से अरबपति बनने की चिंगारी मन में हमेशा जलाए रखते हैं। जब तक हमारे मन में यह आग जलती रहती है उस समय तक हम हर दिन कुछ नया प्रयोग करते हुए आगे बढ़ने के प्रयास कर सकते हैं। अमीर लोगों के पास चाहे कितनी भी दौलत क्यों न हो लेकिन वो हर दिन कोई न कोई ऐसा नया विकल्प खोजते रहते हैं जिससे उस पैसे को और अधिक बढ़ाया जा सके। वो अपने पैसे को घर या बैंक में नहीं बल्कि

बहुत ही समझदारी से ऐसी जगह उपयोग करते रहते हैं जहाँ से लगातार अतिरिक्त कमाई आती रहे। रईस लोगों की एक और खास बात यह होती है कि यह पैसे से अधिक महत्त्व समय को देते हैं। यह अच्छे से जानते हैं कि पैसा तो कभी भी कमाया जा सकता है लेकिन गुजरा हुआ समय हमें कभी दोबारा नहीं मिलेगा। इसलिए यह खुद दिन–रात मेहनत करने की बजाए अपने सारे काम दूसरे लोगों से करवाने में विश्वास रखते हैं। उसके बाद यह उस बचे हुए समय को इस तरह से इस्तेमाल करते हैं जिससे अपनी दौलत को और कई गुणा अधिक बढ़ा सकें। समृद्ध और सकारात्मक मानसिकता वाले दौलतमंद लोग अपने जीवन में नई चीजों के बारे में सीखने को सबसे अधिक प्राथमिकता देते हैं। इन सभी बातों के अलावा यह सदैव इतना सतर्क रहते हैं कि कामकाज में आने वाली परेशानियों को दूर से ही पहचान कर निपटा दिया जाये। उस समय यह सब कुछ छोड़ कर सबसे पहले उन समस्याओं का हल ढूंढते हैं। यह जब तक सभी परेशानियों को दूर नहीं कर लेते उस समय तक कभी भी हार नहीं मानते।

एक और महत्त्वपूर्ण बात जो आमतौर पर रईस लोगों के व्यवहार में देखने को मिलती है वो यह है कि रईस लोग कभी भी अपना समय, हुनर, पैसा आदि बेकार नहीं करते। वो हर एक पैसे और हर एक पल का पूर्ण रूप से सदुपयोग करना जानते हैं। इन लोगों के लिए नौकरी करने वालों की तरह काम करने का कोई समय नहीं होता। इनके जीवन की सबसे पहली प्राथमिकता सिर्फ कर्म करना ही होती है। यह बेशक किसी भी कार्यक्षेत्र से जुड़े हों इनकी हमेशा यही कोशिश रहती हैं कि उसमें सबसे ज्यादा निपुण बन सकें। बदलते हालात के साथ आजकल एक और बात जो देखने में आती है, वो यह है कि बड़े कारोबारी अपने हितों का ख्याल रखते हुए अपने साथ काम करने वालों का भी पूरा ध्यान रखते है। यह लोग इस बात को अच्छे से जानते हैं कि अपने सहयोगियों के बिना वो कुबेर के खज़ाने तक अकेले नहीं जा पाएंगे। एक और बात जो ऐसे लोगों में देखने को मिलती है, वो यह है कि वे सुबह बहुत जल्दी उठते हैं। इनके पास कितना भी काम हो लेकिन वे व्यायाम, कसरत, सैर आदि को सदैव प्राथमिकता देते हैं।

इन लोगों के लिए पैसा कमाना जितना महत्त्व रखता है, उतना ही यह अपने शरीर को फिट रखने के लिए सही खानपान और आराम का भी ख्याल रखते हैं। यह इस बात को अच्छे से जानते हैं कि बिना तंदुरुस्ती के अपने सभी गुणों का लाभ नहीं उठाया जा सकता है। अमीर लोग बुद्धिमान दोस्तों के साथ ज्ञानवर्धक पुस्तकों को भी अपना साथी बना कर चलने में विश्वास रखते हैं। इसके बाद हम कुछ और ऐसी महत्त्वपूर्ण बातों को जानने की कोशिश करते हैं कि रईस बनने के और क्या रहस्य हैं।

- रईस बनने के सपने देखो और उनके पीछे लग जाओ।
- अमीर बनने का जुनून ही हमें सबसे बड़ा रईस बना सकता है।
- धनी लोग दूसरों की इज्जत करते हुए उन्हें पहले बोलने का मौका देते हैं।
- बुद्धिमान लोग अपने धन पर नहीं बल्कि धन कमाने के संघर्ष पर गर्व करते हैं।
- जुनून के साथ पैसे का पीछा करने वालों को कभी भी पैसे की कमी नहीं होती।
- जीवन में सबसे अधिक अमीर बनने वाले कभी भी असफलता को महत्त्व नहीं देते।
- असफलता को स्वीकार करते हुए भी आगे बढ़ने का जुनून कम नहीं होना चाहिए।
- अमीर लोगों की जिदंगी का एक ही लक्ष्य होता है अधिक से अधिक दौलत कमाना।
- रईस बनने की चाह रखने वाले सपने नहीं देखते वो सिर्फ अपने लक्ष्य को हाथ में लकीरें हो या न हो, परंतु पक्के इरादे वाले एक दिन जरूर रईस बन जाते हैं।
- दुनिया में अगर मिसाल कायम करनी है तो अपने 'रोल–मॉडल और अपने हीरो' खुद बनों।
- पैसा कमाना बहुत मुश्किल होता है, इसलिए कभी भी पैसे को बेकार में नहीं उड़ाना चाहिए।

- बहुत सारे लोग आज वो काम करने की सोचते हैं जो उन्हें बरसों पहले कर लेना चाहिए था।
- सबसे शानदार भविष्य उन्हीं लोगों का होगा जो आज सही ढंग से पैसा कमाने में लगे हुए हैं।
- शानदार नतीजे पाने के लिए हमें सदैव एक समय पर एक ही काम पर फोकस करना चाहिए।
- रईस लोग हर समय दौड़ते रहते हैं कभी रोटी कमाने के लिए और कभी रोटी पचाने के लिए।
- सबसे अधिक अमीर बनने वाले सबसे पहले अपनी दूरदृष्टि को तेजी से बढ़ाने का काम करते हैं।
- अपने बिजनेस को देश–विदेश में फैलाने के लिए यह पैसों से अधिक जानकारी को महत्त्व देते हैं।
- हमें उस समय तक लगातार चलना होगा जब तक हमें अपनी कमाई पर गर्व महसूस न होने लगे।
- हर इंसान को इतना पैसा तो जरूर कमाना चाहिए कि वो अपना सारा जीवन आजादी से जी सके।
- भविष्य सिर्फ उन्हीं लोगों को सबसे अधिक पसंद करता है जिनके पास ज्ञान का खज़ाना होता है।
- जिन चीजों का निर्माण हम आज से शुरू करेंगे उन्हीं का आनंद हमारी आने वाली पीढ़ियां ले पायेंगी।
- परिवार के साथ समय गुजारना अच्छी बात है, लेकिन मन से पैसे की भूख को कभी कम मत होने दो।
- अपने सपने हमेशा औकात से बड़े रखो, आने वाले समय में आपकी औकात आपके सपनों से बड़ी होगी।
- अमीर लोग अपने बच्चों को भी रईस बनाने के लिए उन्हें सबसे अच्छी शिक्षा देने की कोशिश करते हैं।
- जिसके पास आशा और उम्मीद होती है वो अनेकों बार हार कर भी पैसा कमाने में सफल हो जाता है।
- अमीर बनने की चाह रखने वाले नौकरी के बारे में नहीं बल्कि दूसरों को नौकरी देने के बारे में सोचते हैं।

- रईस लोग कितने भी व्यस्त हो, लेकिन वो अपने लक्ष्य को कभी भी अपनी आखों से ओझल नहीं होने देते।
- व्यवस्थित ढंग से किसी भी काम की शुरुआत की जाये तो रईस बनना कोई खास मुश्किल नहीं।
- रईस लोग आने वाले कल से भरपूर लाभ उठाने के लिए पहले से कोई खास योजना बना कर तैयार रखते हैं।
- बात चाहे रिश्ते बनाने की हो या पैसा कमाने की, इन सभी बातों के विचार हमारे दिमाग से ही उत्पन्न होते हैं।
- हर वो आदमी जो लीक से हट कर कुछ अलग और अनूठा करने की हिम्मत रखता है वो सुपर स्टार बन सकता है।
- धनवान लोग गुजरे जमाने के अनुभव को समझ कर अपने भविष्य को खूबसूरत तरीके से संवारने का हुनर रखते हैं।
- धनवान लोग अच्छे से जानते हैं कि हमें किस हद तक जा कर पैसा कमाना है यह सिर्फ हमारी सोच तय करती हैं।
- हम अपने जीवन में जितनी जल्दी काम शुरु कर सकें उतनी ही जल्दी हम अपने परिवार में सबसे पहले रईस बन पाएंगे।
- एक कोण को हमेशा याद रखो जो आपके जीवन की सभी समस्याओं को हल कर सकता है वो है आपका "दृष्टिकोण।"
- दुनिया के अधिकतर करोड़पति खुद बहुत कम काम करते हैं उनके लिए उनका पहले से कमाया हुआ पैसा ही काम करता है।
- भविष्य को उज्ज्वल बनाने के लिए बहुत ज्ञान की जरूरत होती हैं इसलिए किताबों को प्यार से पढ़ने का स्वभाव रखना चाहिए।
- जमीर बेच कर तो हर कोई दौलत कमा सकता है, असली इंसान वही होता है जो अपने जमीर को जिंदा रखते हुए रईस बनें।
- पैसा कमाने के लिए रईस लोगों का सबसे बड़ा रहस्य एक ही है कि साधारण कार्यों को असाधारण तरीके से करना शुरू कर दो।
- दौलत कमाने का सबसे बड़ा रहस्य यही है कि इसका कोई रहस्य नहीं है, आप जितना धन कमाना चाहो उतना कमा सकते हो।
- आने वाले समय में वही लोग सबसे अधिक अमीर बन पायेंगे जो अपनी कमाई के साथ दूसरों के हितों का भी पूरा ख्याल रखेंगे।

- दौलत कमाने के लिए हर विषय के बारे में अधिक जानकारी पाने के लिए जहां भी मुमकिन हो हमेशा सवाल पूछते रहना चाहिए।
- आम आदमी अक्सर दूसरों को बदलने की बात करते हैं जबकि धनी लोग माहौल के मुताबिक खुद को बदलने में विश्वास रखते हैं।
- हमें हर दिन अपने अनुभवों को बढ़ाने का प्रयास करते रहना चाहिए क्योंकि इसी से हमारी कमाई में तेजी से बढ़ोतरी हो सकती है।
- पैसा कमाने की चाहत रखने वाले किसी भी प्रेरणादायक पुस्तक को पढ़ने से पहले हमें खुद को अच्छे से समझने की कोशिश करते हैं।
- यदि हमें अपने बच्चों को भी रईस बनाना है तो उनको कुछ भी करने की छूट दे दो लेकिन कुछ भी न करने की इजाजत कभी मत देना।
- आम आदमी को रईसों के पैसे की चमक तो नज़र आती है लेकिन उसे कमाने के लिए दिन–रात की मेहनत किसी को दिखाई नहीं देती।
- अगर हमारे सपने करोड़पति बनने के हैं और हम ने एक लाख रुपये की भी नौकरी स्वीकार कर ली तो भी कभी करोड़पति नहीं बन पायेंगे।
- रईस लोगों के दिलो–दिमाग में हर समय पैसा कमाने के विचार चलते रहते हैं उसके अलावा उन्हें बाकी दुनिया से कोई मतलब नहीं रखते।
- जब तक हम बेशुमार दौलत नहीं कमा लेते उस समय तक हमें अपने शौक की नहीं बल्कि सिर्फ जरूरत की चीजें के बारे में सोचना चाहिए।
- अच्छे माँ–बाप अपने बच्चों को दुनियादारी की बातें समझाने के साथ यह भी बताते हैं कि उनके पास दौलत कमाने के लिए क्या–क्या विकल्प हैं।
- हमारे माता–पिता ने हमें सफल बनाने के लिए बहुत कष्ट सहे थे अब हमें इतना पैसा तो जरूर कमाना चाहिए ताकि हम उन्हें खुश रख सकें।
- जब तक हम अपने दिमाग के काम करने और सोचने के तरीकों को ठीक से नहीं जान पाते उस समय तक हम किसी भी क्षेत्र में सफल नहीं हो पायेंगे।

- हर व्यक्ति को कम से कम कमाई का एक साधन तो ऐसा बना लेना चाहिए जो हमारे लिए उस वक्त भी पैसा कमाए जब हम आराम कर रहे हों।
- कामयाब कारोबारी हर समय बाजार की पूरी खबर रखते हैं क्योंकि बाजार के उतार–चढ़ाव को समझने वाले ही मौके का फायदा उठा कर कमाई बढ़ा सकते हैं।
- असली अमीरी का अंदाजा सिर्फ इस बात से लगाया जा सकता हैं हमारी वजह से कितने लोग खुश हो पाते हैं, रतन टाटा जी इस का जीता जागता उदाहरण है।
- रईस लोग अपने परिवार और समाज से हमेशा जुड़े रहते हैं क्योंकि वो जानते हैं कि पेड़ जितना अधिक बड़ा होता है उसकी जड़े उतनी ही अधिक गहरी होती हैं।
- हम कोई भी बिजनेस शुरू करें शुरुआती दौर में कुछ परेशानियाँ तो आती ही हैं उसके लिए कुछ अनुभवी लोगों से सलाह–मशविरा करने में संकोच नहीं करना चाहिए।
- धनवान लोग सुस्त आदमी को भी इतना बुरा नहीं मानते क्योंकि वे जानते हैं कि कई बार मुश्किल काम को आसानी से करने का हल उन्हीं से ही मिल सकता है।
- करोड़पति बनने के लिए जब भी कोई नया काम शुरू करना हो तो सबसे पहले बाजार में कोई समस्या ढूंढों और फिर उसका हल खोज कर उससे व्यापार शुरू करो।
- करोड़पति बनने का सबसे आसान तरीका एक ही है कि एक बार पैसा कमाओ और उस पैसे को और पैसा कमाने के काम पर लगा दो, यही तरीका बार–बार दोहराते रहें।
- अगर हम कभी अपनी इच्छा की कोई एक चीज नहीं खरीद पायें तो निराश नहीं होना चाहिए, क्योंकि हो सकता है कुछ समय बाद हम उससे कहीं बेहतर चीजें खरीद पायें।
- जब तक हमारे जीवन में परेशानियाँ हैं हम खुल कर पैसा नहीं कमा सकते। सबसे पहले अपनी समस्याओं को जड़ से खत्म करो, उसके बाद जी भर कर दौलत कमाओ।

- हमें अपने नज़रिये से कोई परेशानी हो या न हो लेकिन कुछ लोगों को बहुत दिक्कत होती है, ऐसे लोगों को उनके हाल पर छोड़ देना चाहिए क्योंकि यह उनकी परेशानी है।
- जिस प्रकार बूंद–बूंद से घड़ा भरता है उसी तरह एक–एक बूंद के निकलने से घड़ा खाली भी हो जाता हैं, इसलिए बड़े खर्चों के साथ छोटे खर्चों को भी काबू में रखना जरूरी है।
- रईस लोग अपनी कमाई महीनों और साल के हिसाब से नहीं बल्कि घंटों और मिनटों के हिसाब से देखते हैं, इसलिए वो अपने एक–एक पल का सही ढंग से इस्तेमाल कर पाते हैं।
- गुस्सा तो हर किसी को आता है, लेकिन बुद्धिमान लोग इसकी झलक अपने चेहरे पर नहीं आने देते क्योंकि वो जानते हैं कि गलती किसी की भी हो गुस्से की कीमत हमें ही चुकानी पड़ती है।
- पैसा कमाते समय रह नहीं देखना चाहिए कि काम छोटा है या बड़ा, अम्बानी ग्रुप के मालिक धीरूभाई अम्बानी ने अपने व्यापार की शुरुआत गांव के एक मेले में छोटी सी दुकान से की थी।
- अपना व्यापार शुरू करने में बेशक कितना भी समय लगाएं लेकिन उसे शुरू करने के बाद उसे अपनी जिदंगी का सबसे खास हिस्सा बना लो, इसके बाद आपको रईस बनने से कोई नहीं रोक सकता।

❍

.13.

पैसा बदलता है जिदंगी

आमतौर पर कहा जाता है कि समय की कद्र करो, समय को बचा कर रखो, क्योंकि समय ही हमारी जिदंगी को बदल सकता है। परंतु सच्चाई यह है कि समय को आज तक न तो कोई रोक पाया और न ही बचा पाया है। वक्त एक ऐसी ताकतवर चीज है जिसने कभी किसी की गुलामी नहीं की। इस बात को इस तरह से कहना चाहिए कि समय को बचाने की नहीं बल्कि उसका सही ढंग से उपयोग करने की जरूरत है। यह धन से भी कहीं अधिक अनमोल है। पैसा तो हम जीवन में कई बार कमाते हैं और कई वार गंवाते भी हैं। लेकिन आज तक इस दुनिया में कोई भी इतना बड़ा रईस पैदा नहीं हुआ जो समय को रोक सके या उसे वापिस ला सके। हमारे पास चाहे कितनी भी दौलत क्यों न हो लेकिन हम वो सारे खज़ाने को खर्च कर के भी बीते हुए समय को दोबारा हासिल नहीं कर सकते। इस बात से यह तो साफ हो जाता है कि समय पैसे से भी कहीं अधिक कीमती है। वैसे भी समय को इस बात से कोई फर्क नहीं पड़ता कि कौन कितना अमीर या गरीब है। वक्त तो सिर्फ उन्हीं लोगों का साथ देता है जो उसकी कद्र करना जानते हैं। इसीलिए विद्वान लोग समझाते हैं कि वक्त के साथ कभी भी खिलवाड़ नहीं करना चाहिए क्योंकि कोई नहीं जानता यह कब हमारे हाथ से निकल जायेगा। वक्त के बारे में अगर यह कहा जाये कि यह उस्तादों का उस्ताद है जो पढ़े–लिखे लोगों को भी जिदंगी के असली सबक सिखा सकता है तो शायद गलत न होगा। समय की सबसे बड़ी खास बात यह है कि अगर किसी का समय अच्छा है तो उसकी गलती भी दूसरों को मज़ाक लगती है और अगर समय खराब हो तो मज़ाक भी गलती बन जाता है।

यह जानते हुए भी बहुत सारे लोग वक्त को गलत ठहराते हैं। वो यह भूल जाते हैं कि इस दुनिया में कुछ भी गलत हो सकता है लेकिन वक्त अपना हर काम अपने वक्त पर सही ढंग से पूरा कर देता है। अब तो हमें यह मानना ही पड़ेगा कि हमारी जिदंगी बहुत छोटी है, हमारे पास समय की बहुत कमी है। इसलिए जितनी दौलत कमानी है उसके लिए अभी इसी पल से प्रयास शुरू करने होंगे। हमें यह बहानेबाजी भी छोड़नी होगी कि मेरे पास अभी समय नहीं है। इसके लिए हमें अपनी सोच को बदल कर एक–एक पल का सद्उपयोग करना होगा। यही छोटे–छोटे पल कब दिनों, महीनों और सालों में बदल जाते हैं हमें मालूम ही नहीं पड़ता। समय की एहमियत जानने के बाद इतना ही कहा जा सकता है कि हमारे पास दौलत कमाने का समय सिर्फ आज का दिन ही है क्योंकि कोई नहीं जानता कि कल हो या न हो। पैसा कमाने के लिए खुद को बदलना जरूरी है और समय हमें यही सिखाता है कि कामयाब होना है तो जितनी जल्दी खुद को बदल सकते हो बदलते रहो। वक्त हमें यह सिखाता है कि मैं सदियों से खुद को बदल रहा हूँ लेकिन मैं आज तक नहीं थका।

समय के महत्त्व को और अधिक अच्छे से समझने के लिए हम आपके साथ बहुत ही महत्त्वपूर्ण विचार शेयर कर रहे हैं जो आपको आने वाले समय में रईस बना पाएंगे :–

- समय से बड़ा मार्गदर्शक इस दुनिया में कोई नहीं हो सकता।
- वक्त के साथ चलने वाले अपने लक्ष्य को पाने के बाद ही रुकते हैं।
- समय की सही कीमत समझने वाले इस दुनिया में सबसे अमीर होते हैं।
- हमारा समय अच्छा हो या बुरा, हम चाह कर भी उसे बदल नहीं सकते।
- वक्त सिर्फ उन्हीं लोगों का साथ देता है जो हर काम वक्त पर पूरा करते हैं।
- इस दुनिया में धन–दौलत से बड़ी अगर कोई चीज है तो वो सिर्फ समय ही है।

- पैसे को संभालना काफी आसान है समय का प्रबंधन करना काफी कठिन होता है।
- दौलत कमाने के साथ अपने लिए भी कुछ वक्त निकालना बहुत जरूरी होता है।
- सही समय के साथ सही दिशा की और बढ़ने वाले बहुत जल्द अमीर बन जाते हैं।
- व्यस्त रहना अच्छी बात है परंतु रचनात्मक कार्य किये बिना कमाई नहीं हो सकती।
- आने वाले कल का इंतजार करने वाले कभी किसी लक्ष्य को हासिल नहीं कर पाते।
- जिदंगी में बड़े से बड़े घाव देने और उन्हें भरने का हुनर सिर्फ समय के पास ही है।
- जहाँ तक मुमकिन हो सके अपना पैसा और समय खुद पर निवेश करते रहना चाहिए।
- एक समय पर एक काम करने वालों को रईस बनने से आज तक कोई नहीं रोक पाया।
- वक्त के साथ चलने से हम अपने जीवन की हर इच्छा को आसानी से पूरा कर सकते हैं।
- समय को थोड़ा समय दो वो हर किसी को एक बार तो अमीर बनने का मौका जरूर देता है।
- जो लोग रईस बनने के सपने देखते हैं उनके पास टाइम देखने के लिए भी टाईम नहीं होता।
- आज के समय में पैसा कमाने के लिए हाथ–पैर से अधिक दिमाग चलाने की जरूरत होती है।
- समय भी बहुत अजीब चीज है यह किसी को बहुत कड़वा और किसी को बहुत मीठा लगता है।
- समय जब बदलना शुरू होता है तो सिर्फ खेल की बाजी ही नहीं बल्कि जिदंगी बदल जाती है।
- हम अमीर या गरीब समय के कारण नहीं बल्कि समय के इस्तेमाल करने के तरीके से बनते हैं।

- आज तक समय को किसी ने देखा तो नहीं लेकिन वक्त हमें जिदंगी के सभी रंग दिखा देता हैं।
- दौलतमंद बनना है तो किसी चीज का इंतजार मत करो क्योंकि समय बहुत तेजी से भाग रहा है।
- हर दिन के एक–एक सैंकड में इतनी ताकत है कि वो हमारे लिए बेशुमार दौलत कमा सकता है।
- जो लोग जाने–अनजाने में समय को बर्बाद करते हैं समय उनका सारा जीवन बर्बाद कर देता है।
- जो लोग समय की कीमत को समझ लेते हैं उनसे बड़ा अमीर इस दुनिया में कोई नहीं हो सकता।
- जो लोग वक्त रहते नहीं संभलते, वक्त फिर उन्हें सारी जिदंगी दोबारा संभलने का मौका नहीं देता।
- धनी लोग जानते और समझते हैं कि समय के महत्त्व को जानना ही अमीर बनने की पहली सीढ़ी है।
- समय रहते हुए जितना कमा सकते हो कमा लो, क्योंकि जिदंगी मौके कम और धोखे अधिक देती है।
- वक्त बुरा हो तो हिम्मत–हौसले की जरूरत होती है और समय अच्छा हो तो दिल बड़ा रखना चाहिए।
- जब हम खुद को समय के अनुसार चलाना सीख लेते हैं, तभी समय हमारी तरक्की में मदद करता है।
- अगर हम अपनी असफलता पर वक्त को दोषी ठहराते हैं तो हम से बड़ा अज्ञानी कोई नहीं हो सकता।
- वक्त का खास होना महत्त्व नहीं रखता, खास लोगों के लिए वक्त निकालने से बहुत कुछ बदल जाता है।
- समय के साथ हालात बदलते रहते हैं इसलिए बदलते समय के साथ खुद को बदल लेना ही बुद्धिमानी है।
- समय तो हम सभी के पास एक समान होता है फिर भी कोई गरीब रह जाता है कोई महान बन जाता है।
- छोटी सी असफलता को मन में जगह देने से हम भविष्य में मिलने वाली बड़ी कामयाबी से दूर हो जाते हैं।

- अगर हमें अपनी जिदंगी को सबसे बेहतर बनाना है तो सबसे पहले हमें समय के मोल को समझना होगा।
- दौलत कमाने के लिए सही समय कभी नहीं आता, रईस बनना है तो खुद ही समय को सही करना पड़ेगा।
- हमारे पास एक चीज की बहुत कमी है और वो है समय, इसलिए इसे कभी भी दूसरों के लिए बर्बाद न करें।
- हम अपने जीवन में जितना मान–सम्मान पाना चाहते हैं उससे अधिक हमें समय की कद्र करनी चाहिए।
- वक्त तो हमेशा ही उलझाये रखता है, लेकिन असली इंसान वही होता है जो कभी भी हालातों से नहीं हारता।
- सही वक्त पर सही सोच और सही योजना बनाने के बाद अमीर बनने का सफर काफी आसान हो जाता है।
- वक्त से आज तक न तो कोई जीत पाया है और न ही हार पाया है, वक्त से तो सिर्फ सबक सीखे जा सकते हैं।
- घड़ी की सुईयां भी हमें सिर्फ एक बात ही सिखाती हैं कि अगर दौलत कमानी है तो लगातार आगे बढ़ते रहो।
- वक्त तो हर किसी को अमीर बनने का मौका देता है लेकिन हम ही उसका सही समय पर लाभ नहीं उठा पाते।
- जब से समय बना है तभी से सुनते आ रहे हैं कि समय बड़ा बलवान है, लेकिन फिर भी इसकी इज्जत नहीं करते।
- हम अपने किसी भी काम को बेशक बहुत जल्दी में न करें लेकिन उसे समय पर जरूर पूरा कर लेना चाहिए।
- हमारी वसीहत हमारी किस्मत नहीं बल्कि हमारा वक्त ही लिखता है कि किस व्यक्ति को कितना कुछ मिलेगा।
- गरीब लोग भविष्य के लिए योजना बनाते रहते हैं, जबकि धनी लोग उसके लिए आज से ही काम शुरू कर देते हैं।
- समय को आज तक कभी किसी ने बोलते या सुनते हुए नहीं देखा, वो चुपचाप अपना काम कर निकल जाता है।
- गरीब लोग हर समय यही कहते रहते हैं कि समय नहीं है, जबकि अमीर लोग मानते हैं कि अभी भी बहुत समय है।

- पैसे से मदद करने वाले व्यक्ति से वो इंसान महान होता है जो अपना समय दे कर हमारी समस्याएं दूर करता है।
- धैर्य के साथ आगे बढ़ने वाले जानते हैं कि जो लोग आज हमारे ऊपर हंस रहे हैं कल वही हमें देखते रह जायेंगे।
- गुजरे हुए वक्त पर कभी चिंता नहीं करनी चाहिए क्योंकि उस दौरान भी हम अपना बहुमूल्य समय बेकार कर देते हैं।
- कोई भी व्यक्ति आसानी से अमीर बन सकता है अगर वो अपने कमाए हुए पैसे और समय की कद्र करना शुरू कर दे।
- सही समय पर सही ढंग से इस्तेमाल करने पर हमारा दिमाग बहुत ही हैरान करने वाले प्रभावशाली नतीजे दे सकता है।
- जिस व्यक्ति को पैसे के अलावा सब कुछ दिखना बंद हो जाये तो समझ लेना चाहिए इसके जीवन में अंधकार छाने वाला है।
- अमीर लोग कभी भी इन बातों पर विश्वास नहीं करते कि मेरी किस्मत खराब है या मेरे पास काम करने के लिए टाईम नहीं है।
- हम सभी के पास सिर्फ तरक्की के लिए बहुत कम समय है इसलिए कोशिश कर के हर पल का फायदा उठाते रहना चाहिए।
- हमारा बचपन बेशक किसी तरह के हालात में बीता हो, लेकिन अमीर बनने की इच्छा मन में है तो सबसे पहले उसे भूल जाओ।
- बचपन से ही हमें सिखाया जाता है कि समय बहुमूल्य है लेकिन सिर्फ अमीर लोग जानते हैं कि यही एक चीज दुनिया में अनमोल है।
- अगर हमारे पास अपनी समस्याओं को सुलझाने का ही समय नहीं है तो हम अपने जीवन को संवारने का वक्त कहां से ले कर आएंगे।
- कहने–सुनने में हमें अपना जीवन बहुत बड़ा लगता है, लेकिन यह कब हमारे हाथ से फिसल जाता है, हमें खुद भी नहीं मालूम पड़ता।
- कामयाब कारोबारी रात को सोने से पहले अगले दिन करने वाले सभी कार्यों की लिस्ट बना लेते हैं ताकि सुबह एक मिनट भी बेकार न हो।
- आज की तारीख में सबसे बेहतर तोहफा अगर कोई हो सकता है तो वो यह है कि हम किसी को अपना थोड़ा–सा बेशकीमती वक्त दे सकें।

- दौलत से तिजोरियां भरना सभी को अच्छा लगता है लेकिन इसी के साथ इस बात का भी ध्यान रहे कि हमारी जिदंगी कहीं खोखली न हो जाए।
- अधिकतर लोग अपनी सारी जिदंगी एक जैसी ही गुजार देते हैं क्योंकि उन्हें बदलाव करने और उसे स्वीकार करने में बहुत तकलीफ होती है।
- हम सभी ने कभी न कभी एक दूसरे को झुकते हुए जरूर देखा होगा, लेकिन टाईम एक ऐसी चीज है जो करोड़पति लोगों के सामने भी नहीं झुकता।
- हमें जो कुछ बिलकुल मुफ्त में मिलता है हम उस चीज की कभी कद्र नहीं करते, शायद इसीलिए इंसान आज तक समय के मोल को नहीं समझ पाया।
- हमें कोई भी ऐसा काम नहीं करना चाहिए कि लोग हमें देखें और बातें करें, बल्कि अपने काम में इतना व्यस्त हो जाओ कि लोग हमें देख ही न पाएं।
- समय कभी भी अच्छा या बुरा नहीं होता, वो बिना किसी की परवाह किये आगे चलना जानता है, रईस बनने के लिए यही सब कुछ हमें भी करना होगा।
- हर इंसान को हर दिन 24 घंटें मिलते हैं अब यह हमारे ऊपर निर्भर करता है कि इसका सही ढंग से इस्तेमाल करते हैं या मौज–मस्ती में गुज़ार देते हैं।
- जो लोग वक्त के महत्त्व को नहीं समझते वो खुद अपने आपको भी नहीं समझ पाते, ऐसे लोगों का कोई इंसान तो क्या भगवान भी कुछ नहीं कर पाते।
- दिन की शुरूआत में ही हमें यह मालूम होना चाहिए कि आज सबसे महत्त्वपूर्ण कार्य कौन–सा है, उसे पूरा करने के बाद ही हमें कुछ और सोचना चाहिए।
- बीता हुआ कल चले हुए कारतूस की तरह होता है, जो अब हमें कुछ नहीं दे सकता। इसलिए धनी लोग अपना सारा ध्यान वर्तमान पर ही केंद्रित रखते हैं।

- कारोबार से जुड़े फैसले लेते समय बेकार में समय बर्बाद न करें, मन में यदि किसी प्रकार की दुविधा हो तो उस पर विचार–विमर्श कर के जल्द से काम शुरू करें।
- पुराने जमाने में घड़ी किसी खास व्यक्ति के पास ही होती थी पर समय सभी के पास होता था, आज घड़ी सभी के पास है लेकिन समय किसी के पास नहीं है।
- रईस लोग हमेशा पैसे की बजाए समय को अधिक महत्त्व देते हैं, क्योंकि वो जानते हैं कि पैसा तो कभी भी कमाया जा सकता है लेकिन समय दुबारा नहीं मिलता।
- हमें हमेशा वक्त के साथ दोस्ती बना कर रखनी चाहिए क्योंकि जरा सा वक्त खराब होते ही हमारे अपने हमारे ऊपर सबसे पहले वार करना शुरू कर देते हैं।
- आमतौर पर हम बच्चों को कह देते हैं कि समय को बचाना सीखो, असल में समय को आज तक कोई नहीं बचा पाया उसका सही ढंग से इस्तेमाल करना सीखना होगा।
- हम अपनी जवानी के दौरान जितना अधिक सीख सकते हैं उतना अधिक सीखने की कोशिश करनी चाहिए क्योंकि यही सीख सारी उम्र हमारे लिए पैसा कमा सकती है।
- बहुत सारे लोग अमीर तो बनना चाहते हैं लेकिन हमेशा एक ही बात कहते हैं कि इतनी मेहनत करने का वक्त ही नहीं मिलता। टाइम निकालने से निकलता है, मांगने से नहीं।

.14.

चंट चालाक बनों

बड़े–बर्जुगों की बातों को याद करें तो वो समझाते थे कि पैसा कमाना जितना मुश्किल है इसे बचाना और संभालना उससे भी कठिन होता है। खासतौर से जब कोई करीबी रिष्तेदार या दोस्त पैसे उधार मांग लेता है तो वहां से रिश्तों में खटास पैदा होने लगती है। ऐसा इसलिए होता है क्योंकि जब हम किसी करीबी जानकार की मदद करने के लिए कर्ज देते हैं तो कोई भी अनुबंध (Agreement) आदि नहीं बनाते। ऐसे में ब्याज वगैरह मिलने की बजाए असल रकम को भी वापिस लेने के लिए सैकड़ों नाको चने चबाने पड़ते हैं। कई बार सिर्फ इन्हीं कारणों से उम्र भर के रिश्ते तो खत्म हो ही जाते हैं साथ ही सदा के लिए दुश्मनी अलग से हो जाती है। आजकल अखबारों में पैसे के लेन–देन को लेकर कई हत्याएं होने की भी खबरें छपती रहती हैं। इस तरह के माहौल को देख कर तो यही कहा जा सकता है कि "अच्छा नहीं होता आजकल जरूरत से ज्यादा अच्छा होना।" दूसरी और अगर बैंकों की बात की जाये तो आपको सुन कर हैरानगी होगी कि हमारे देश में बैंक में हमारा चाहे कितना भी पैसा जमा क्यों न हो लेकिन सरकार सिर्फ 5 लाख रुपये तक की ही गारंटी देते हैं। यह भी अभी कुछ समय पहले ही बढ़ाई गई है। इससे पहले तो इसकी सीमा सिर्फ 1 लाख रुपये ही थी, लेकिन कोई भी बैंक हमें यह बात नहीं बताता। अब सरकार की सोच इस तरह की है तो हम अंदाजा लगा सकते हैं कि आम आदमी हमारे साथ क्या कुछ कर सकता है। इसलिए आज के समय में हमें बुद्धि मान होने के साथ थोड़ा चालाक भी बनना होगा। हमें चालाक इसलिए नहीं बनना कि हम दूसरों को बेवकूफ बना अधिक पैसा कमा सकें।

बल्कि चलाकी इस लिए जरूरी है ताकि लोग हमें बेवकूफ बना कर हमारा पैसा इधर–उधर न कर दे। हमें सिर्फ एक बात का ध्यान रखना चाहिए कि जैसा हम सोचते हैं, जैसे हम काम करना चाहते हैं लोग वैसा नहीं सोचते। हम इन लोगों को छोड़ भी नहीं सकते क्योंकि हमें इन्हीं के बीच रह कर काम करना है। इसलिए हर कदम बहुत सोच समझ कर बढ़ाना होगा। चालाक बनने का सबसे आसान तरीका यही है कि दिमाग को जितना तेज चला सकते हो उसे चलाओ। हमारे आसपास क्या कुछ हो रहा है उसकी सारी जानकारी हमारे पास होनी चाहिए। अगर हमारे सामने कोई समस्या आ गई है तो उसे दूसरों को बताने की बजाए खुद ही कोई रास्ता ढूंढ कर हल करना चाहिए। अगर इतनी सी बातों को हम समझ लेते हैं तो फिर छोटे–मोटे काम तो क्या रईस बनना भी आसान हो जायेगा।

इसी के साथ कुछ और ऐसे विचार भी हम आपको बता रहे हैं जो साधारण व्यक्ति को बुद्धिमान और चालाक बना देंगे :–

- आज के जमाने में जरूरत से अधिक अच्छा होना भी बुरी बात है।
- व्यापार में जरूरत से अधिक उधार देने वाले हमेशा घाटे में रहते हैं।
- आजकल पैसा उधार दे कर करीबी रिश्तेदार भी दुश्मन बन जाते हैं।
- जेब खाली होते ही दुनिया की असलियत हमारे सामने आने लगती है।
- कोई भी शरीफ आदमी आज तक एक ही रात में अमीर नहीं बन पाया।
- हमारे अपने ही हमें यह सिखाते हैं कि कोई किसी का अपना नहीं होता।
- आज के दौर में लोग दूसरे इंसानों से अधिक कुत्तों पर भरोसा करने लगे हैं।
- गलत नीयत से उधार लेने वाले उधार लेते ही अपने चेहरे का रंग बदल लेते हैं।
- अच्छी कमाई करने के लिए कभी भी सरकार के साथ कोई भी व्यापार मत करो।

- सब से धनी लोग अपने सगे रिश्तेदारों पर भी आखें मूंद कर विश्वास नहीं करते।
- नबंर 1 होना अच्छी बात है, लेकिन इसी के साथ सबसे बेहतर होना भी जरूरी है।
- आजकल बेईमानी से पैसा कमाने वाले भी सबसे शरीफ चौकीदार रखना चाहते हैं।
- यह दुनिया भी कितनी अजीब है उधार उसी को देते हैं जिसकी जेब में पैसे होते हैं।
- हम बेशक कितने भी चालाक क्यों न हों लेकिन पैसा हमें कभी भी धोखा दे सकता हैं।
- आज के समय में सब से मुश्किल काम है अपने उधार दिये हुए पैसे को वापिस लेना।
- एक कामयाब वकील बिना किसी हथियार के भी हमसे बहुत सारा पैसा लूट सकता है।
- जो जैसा है उसके साथ वैसा ही बर्ताव करो, वरना यह दुनिया किसी को जीने नहीं देती।
- कुछ लोगों के पास जब जरूरत से अधिक पैसा आ जाता है तो वो बहुरूपिये हो जाते हैं।
- सबसे सफल नेता बनने के लिए सबसे अधिक झूठ बोलने की कला बहुत जरूरी होती है ।
- जो इंसान धन–दौलत की कद्र करना नहीं जानता वो आखें होते हुए भी अंधों की तरह ही हैं।
- ऐसे दोस्तों की सदा कद्र करो जो हमारे गुणों को पहचान कर उन्हें निखारने में मदद करते हैं।
- जो लोग बार–बार नीचा दिखाएं या दिल दुखाने की बातें करें उनसे सदैव दूर ही रहना चाहिए।
- जब तक कोई भी चीज बहुत उपयोगी या खूबसूरत न हो उसे खरीदने से सदा ही बचना चाहिए।
- यह दुनिया इतनी घटिया भी नहीं है लेकिन अक्सर हमारी मुलाकात घटिया लोगों से हो जाती है ।

- इतिहास हमें सिर्फ यही सिखाता है कि आज तक इतिहास को पढ़ कर कोई रईस नहीं बन पाया।
- आजकल हमारे नेता अपना हर कर्म इस ढंग से करते हैं कि वो बहुत जल्द कांड में बदल जाता है।
- भीड़ के पीछे मत भागो, जिदंगी में कुछ ऐसा करो कि भीड़ आपके पीछे भागने को मजबूर हो जाये।
- जिन लोगों के पास पैसा नहीं उनके साथ वो लोग भी गरीब हैं जिनकी इच्छाएं कभी पूरी नहीं होती।
- आजकल कारोबार को ठीक से चलाने के लिए कभी गूंगा, कभी बहरा तो कभी अंधा बनना पड़ता है।
- हम चाह कर भी हर किसी को खुश नहीं कर सकते क्योंकि हम इंसान हैं कोई गाजर का हलवा नहीं।
- दौलत कमाने के लक्ष्य को भूल कर प्यार–मोहब्बत के चक्कर में पड़ना सबसे बड़ी मूर्खता कहलाती है।
- आजकल आम लोगों का पर्स प्याज़ की तरह हो गया है, उसे देखते ही उनके आसूं निकलने लगते हैं।
- जीनियस लोगों को देख कर यह समझना थोड़ा मुश्किल हो जाता हैं कि वो पागल हैं या हम पागल हैं।
- किसी के पास जमीन–जायदाद की वसीयत हो या न हो परंतु वकील अपना हिस्सा फिर भी ले ही लेते हैं।
- किसी को कुछ भी कहने से पहले सदैव एक बात याद रखो कि जो सुन सकता है वो सुना भी सकता है।
- आज के समय में खुद को OTP की तरह बना कर रखो ताकि कोई भी हमें फिर से धोखा न दे सके।
- आजकल कुछ लोग इतने नकली और धोखेबाज हो गये हैं कि "चीन" वाले भी उन्हें अपना नहीं मानते।
- कई लोग सारी उम्र अपनी गलतियों से सिर्फ इतना ही सीख पाते हैं कि नई–नई गलतियां कैसे की जाएं।
- कुछ बैंक हमारे पैसे को इतना अधिक सुरक्षित रखते हैं कि हम खुद भी उसे आसानी से नहीं निकाल पाते।

- अपने आत्मसम्मान के लिए कभी किसी का साथ छोड़ना पड़े तो एक पल की भी देरी नहीं करनी चाहिए।
- धोखेबाज इंसान से सदा ही बच कर रहना चाहिए क्योंकि ऐसे लोग जीवन में कभी भी सुधर नहीं सकते।
- आजकल के वकील हमें किसी भी समस्या से बचाने की बजाए उसमें और अधिक उलझाने में विश्वास रखते हैं।
- हर बार अपनी बात और चेहरा बदलने वालों के साथ दुनिया वाले व्यापार करना बिलकुल भी पसंद नहीं करते।
- गरीब को गरीबी में जीवन गुजारने के लिए किस्मत दोषी नहीं बल्कि हमारे नेता और रईस लोग जिम्मेदार हैं।
- जिदंगी पर कभी भी जरूरत से ज्यादा हक नहीं रखना चाहिए क्योंकि यह हमारी अपनी नहीं बल्कि उधार की है।
- मरने के बाद तो कई लोग दिखावे के लिए कंधा देने आ जाते हैं जीते जी ही एक भी सच्चा सहारा नहीं मिलता।
- दूसरे लोगों के सामने बहुत सोच–समझ कर झुकना चाहिए क्योंकि लोग गिरा हुआ समझने में देर नहीं लगाते।
- आजकल लोग सिर्फ उस समय तक हमें अपने साथ रखते हैं जब तक हम उनके लिए कुछ बेहतर करते रहते हैं।
- वक्त का इंतजार करो, एक दिन वो बता देता है कि हम अपनों को क्या समझते थे और वो असल में क्या निकले।
- हर इंसान अपने लिए ही पैसा कमाता है लेकिन हमें चाहिए कि हमारे पैसे से थोड़ा बहुत किसी और का भी भला हो।
- आजकल दूसरों को उनकी औकात के मुताबिक ही इज्जत देनी चाहिए वरना वो हमें अपने से छोटा समझने लगते हैं।
- आज के समय में बेवफाई की शिकायत करे भी तो किससे करें क्योंकि दूर–दूर तक कोई अपना दिखाई नहीं देता।
- कुछ लोग पैसे को पागलपन कहते हैं तो उनके हिसाब से तो इस का मतलब यही हुआ कि सारी दुनिया पागल है।
- दूसरों की कमियाँ निकालने से पहले हमें एक बार खुद को अच्छे से परख लेना चाहिए कि क्या हम दूध के धुले हुए हैं।

- आजकल थोड़ा अकड़ कर चलना ही ठीक रहता है क्योंकि जमाने वाले नर्म चीजों को ठोकर मारने में देर नहीं लगाते।
- कर्ज भी कितनी अजीब चीज है, इसे लेने से पहले लेने वाला गिड़गिड़ाता है और बाद में देने वाला गिड़गिड़ाता है।
- यह सच है कि अमीर लोगों के पास बहुत धन–दौलत होती है लेकिन गरीब की झोली में उस से कही अधिक दुआएं होती हैं।
- जब कोई प्यार की भाषा को न समझे तो उसे एक जोर से थप्पड़ लगा कर कह दो, मैंने एक घटिया मच्छर को मार दिया।
- अमीर से अमीर आदमी को भी आखिर में इस दुनिया से विदाई लेने के लिए एक गरीब आदमी की मदद लेनी पड़ती है।
- जब तक गरीब आदमी के हाथ–पैरों में छाले नहीं होते उस समय तक रईस लोग अपने महलों में सुकून से नहीं रह सकते।
- आजकल किसी पर भी आंख बंद कर के भरोसा नहीं करना चाहिए क्योंकि नमक और चीनी दोनों का रंग ही सफेद होता है।
- मुश्किल घड़ी में छोड़ कर जाने वाले भी एक सबक जरूर सिखा जाते हैं कि आने वालों पर सोच–समझ कर भरोसा करना।
- कुछ लोगों की बातें इतनी अजीब होती हैं कि "गूगल बाबा" भी उन्हें ठीक से नहीं समझ पाता कि आखिर यह चाहते क्या हैं।
- पैसा कमाने के लिए हमें व्यापार तो अनेक लोगों के साथ करना पड़ता है, लेकिन भरोसा बहुत सोच–समझ कर करना चाहिए।
- गरीब मजदूर सारा दिन इसलिए कड़कती धूप में पसीना बाहता है ताकि रात को उसके घर में भी थोड़ी सी रोशनी हो सके।
- दूसरों के व्यवहार में कमी निकालने से पहले हमें एक बार यह जरूर सोच लेना चाहिए कि हम उनके साथ कैसा बर्ताव करते हैं।
- आजकल हमारे करीबी लोग हमारा फायदा उठा कर भी ऐसा दिखावा करते हैं कि जैसे उन्होंने हम पर कोई एहसान किया हो।
- कई लोगों का मानना है कि पैसा तो हाथ की मैल होता है, अगर यह बात सच होती तो हमारे देश के मजदूर सबसे रईस होते।
- कोई भी दोस्त कभी बुरा नहीं होता वो बात अलग है कि कुछ के पास होने से भविष्य अच्छा बन जाता है तो कुछ के दूर जाने से।

- शिकवे–शिकायत करना जितना जल्दी हो सके छोड़ दो क्योंकि आजकल ऐसी बातें करने से हम अपना ही नुकसान कर बैठते हैं।
- पैसा कमाना है तो थोड़ा होशियार और चालाक भी बनना सीखो वरना शरीफ आदमी को दुनिया बेवकूफ बनाने में देर नहीं लगाती।
- आजकल दोस्ती और रिश्तेदारी बहुत सोच–समझ कर बनानी चाहिए क्योंकि इसे निभाने की बहुत बड़ी कीमत चुकानी पड़ती है।
- हमारी सरकार कहती है, लोग बहुत कम टैक्स देते हैं जबकि जनता का यह मानना है कि सरकार फिजूल में पैसा बर्बाद करती है।
- जब कभी कोई दोस्त सुझाव दे तो उसे जरूर ध्यान से सुनों मगर कोई आदेश देने की कोशिश करे तो उसे सदैव अनदेखा करो।
- अच्छे दोस्त बरसात से पहले हमें छाता तोहफे में देते हैं, परंतु कुछ स्वार्थी दोस्त बरसात आते ही उसे बिना मागें उठा कर चल देते हैं।
- दोस्ती करते समय कभी भी जल्दबाजी नहीं करनी चाहिए लेकिन दोस्ती हो जाने के बाद उसे हर हाल में मजबूती से निभाना चाहिए।
- कभी भी किसी की गरीबी देख कर उससे दूर नहीं होना चाहिए क्योंकि जितनी इज्जत वो दे सकता है उतनी कोई और नहीं देगा।
- सूखी रोटी को भी फैंकनें से पहले हमें एक बार जरूर यह सोच लेना चाहिए कि हो सकता है कि किसी गरीब की बेटी भूखी होगी।
- दोस्त का चेहरा कितना भी खूबसूरत क्यों न हो लेकिन अगर उसका दिल साफ नहीं है तो उसे एक पल भी अपने साथ नहीं रखना चाहिए।
- हमारी कामयाबी से नफरत करने वाले आवारा कुत्तों की तरह होते हैं। इसलिए उनके भौंकनें की परवाह किये बिना सदैव आगे बढ़ते रहो।
- रईस लोगों की बेटियाँ जितने पैसे अपनी शादी में पार्लर वालों को दे आती हैं उतने पैसों से एक गरीब की बेटी को सुसराल मिल सकता है।
- सड़क पर चलते समय मोबाइल फोन से नबंर मिलाने में हो सकता हैं थोड़ा समय लग जाये, लेकिन अस्पताल पहुंचने में देर नहीं लगती।
- पैसे की कमी के कारण कभी भी ऐसा कोई गलत काम नहीं करना चाहिए जिससे हम अमीर बनने की बजाए अपराधी और पापी बन जायें।

- इस दुनिया में मुफ्त में कुछ भी नहीं मिलता, भिखारी को भी भीख पाने के लिए अपनी इज्जत को मिट्टी में मिला कर दूसरों को दुआएं देनी पड़ती हैं।
- कारोबार में जिससे भी हाथ मिलाओ बहुत सोच–समझ कर मिलाना चाहिए, क्योंकि लोग असलियत को छोड़ कर दिखावे की जिदंगी जीने लगे हैं।
- हमें यह कभी नहीं भूलना चाहिए कि जिस चीज की कोई गारंटी नहीं उसका नाम जिदंगी है, और जिस चीज की पूरी गारंटी है उसका नाम मौत है।
- दूसरों को प्रभावित करने के लिए कभी भी कर्ज लेकर कोई चीज नहीं लेनी चाहिए, यह छोटी सी गलती हमें हमेशा के लिए पैसे का गुलाम बना देगी।
- दोस्ती एक ऐसा पवित्र रिश्ता है जो दो शरीरों में एक आत्मा की तरह रहता है, लेकिन आजकल यह सब कुछ सिर्फ किताबों में ही पढ़ने को मिलता है।
- ऐसे दोस्तों से सदा बच कर रहा जो घने बादलों की तरह होते हैं क्योंकि जब तक वो हम से दूर नहीं जाएंगे हमारे जीवन में उजाला नहीं हो पायेगा।
- जब भी पैसा किसी को उधार दो तो बहुत सोच–समझ कर देना चाहिए क्योंकि अपना पैसा ही वापिस लेने के लिए भिखारी की तरह गिड़गड़ाना पड़ता है।
- आजकल गरीब अगर अपनी गरीबी दिखाए तो लोग उसका फायदा उठाने लगते हैं और अमीर अगर अपनी अमीरी दिखाए तो तो लोग उसे लूटने लगते हैं।
- हमारी खुशियाँ गुब्बारे में हवा की तरह होती हैं जिसे हम बहुत मेहनत से भरते हैं, परंतु कुछ लोग 'पिन' मार कर एक पल में सब कुछ खत्म कर देते हैं।
- किसी भी छोटे–मोटे झगड़े के लिए हमेशा ही कोर्ट–कहचरी से बचना चाहिए क्योंकि कई बार इतने पैसे लेने नहीं होते जिससे कहीं अधिक खर्च हो जाते हैं।

- हर कोई चाहता है कि उसकी जिदंगी रंगीन और रंग–बिरंगी हो, परंतु जब गिरगिट जैसे दोस्त और रिश्तेदार मिलते हैं तो फिर विश्वास टूटने लगता है।
- जमाना सच में कितना बदल गया है, अगर किसी का मोबाइल फोन गिर जाये तो उसकी जान निकलने लगती है और दोस्त गिर जाये तो हंसी आने लगती है।
- हमें छोटी उम्र में ही बड़ी–बड़ी बातों को सीखने और समझने का प्रयास करना चाहिए वरना हम बड़े हो कर भी छोटी बातों को भी ठीक ढंग से नहीं समझ पायेंगे।
- हम चाहें कितने भी बड़े शतरंज के खिलाड़ी क्यों न हों, लेकिन अपने करीबी लोग फिर भी बेवकूफ बना कर हमारी जिदंगी का खेल बिगाड़ने की कोशिश करते ही रहते हैं।
- जब तक हम अपने मन से डर को सदा के लिए नहीं निकालते उस समय तक हमारी जिदंगी के फैसले कोई और लेता रहेगा और हमें गुलामों जैसा जीवन जीना पड़ेगा।
- अगर दूसरे लोग हमें दौलत कमाते देख कर खुश नहीं होते तो इस बात से घबराने की जरूरत नहीं बल्कि हमें यह नजरियाँ बनाना चाहिए कि 'हमें भी किसी की जरूरत नहीं है'।
- हर एक रुपये को एक बीज की तरह देखो, जिस तरह एक बीज पेड़ बन कर हज़ारों फल दे सकता उसी तरह आप भी अपने उस एक रुपये से लाखों, करोड़ों नहीं बल्कि अरबों रुपये कमा सकते हो।

❍

.15.

अमीर गरीब

ज्ञानी और बुद्धिमान लोगों से सुनते आए हैं कि हमारा जीवन बिलकुल वैसा ही बनेगा जैसी हमारी सोच होगी। क्या अमीरी–गरीबी इसी सोच का नतीजा होता है। हमारी सोच इस कद्र जिदंगी पर असर डाल सकती है कि कोई व्यक्ति सारी उम्र के लिए गरीब रह जाता है और चंद एक लोग अपने जीवन के शुरुआती दिनों में ही करोड़पति बन जाते हैं। साधारण लोग अपना बेशकीमती समय बेकार के कार्यों एवं सोशल मीडिया पर गुजार कर बेकार कर देते है। उससे भी बड़ी अफसोस की बात यह है कि वो सोशल मीडियाँ की हर बात को सच मान कर उसी दुनिया में भटकने लगते हैं जबकि यह सच नहीं होता। अगर हम हर दिन खुद को दूसरों से सिर्फ एक प्रतिशत बेहतर बनाना शुरू कर दें तो एक साल के बाद हम अपने साथियों से तकरीबन 365 गुणा आगे बढ़ सकते हैं। यही गति हमें देश के चंद अमीर लोगों की सूची तक पहुंचाने की ताकत रखती है। गरीब और अमीर लोगों की सोच में और फर्क देखना हो तो हमें समझ आता है कि एक गरीब इंसान अपनी जरूरतें पूरी करने के लिए थोड़े बहुत पैसे कमाने की सोचता है जबकि अमीर लोग पैसे से अपने काम करवाने की ताकत रखते हैं। इसी के साथ गरीब लोग अपनी आधी से ज्यादा जिदंगी किस्मत और भगवान के भरोसे बैठ कर गुजार देते हैं कि वो उन्हें कोई पैसा कमाने का मौका देगा। एक दिन अचानक उनकी भी किस्मत चमकेगी। जबकि अमीर लोग अंधविश्वास से हट कर मेहनत और कर्म करने में विश्वास रखते हैं। इन विचारों को समझने के बाद एक बात तो समझ आ जाती है कि भगवान किसी को अमीर या गरीब नहीं बनाते।

हर व्यक्ति अपनी सोच की बदौलत ही पैसा कमा कर अमीर बनता है और छोटी सोच वाले हमेशा गरीब रह जाते हैं। इस अध्याय में अमीर गरीब की सोच रखने वाली कुछ और बातों पर विचार करेंगे जो दोनों को किस प्रकार हमेशा अलग कर देती हैं :–

- जिदंगी को स्वर्ग बनाना है तो गरीबी को छोड़ कर अमीरी से दोस्ती करनी होगी।
- अमीर लोग वो सभी काम करना पसंद करते हैं जिन्हे गरीब लोग करने से डरते हैं।
- बुद्धिमान अमीर लोग जब तक बहुत जरूरी न हो वो फालतू में पैसा खर्च नहीं करते।
- रईस लोग तरक्की दिखाने के और गरीब लोग अपनी हार छिपाने के बहाने ढूंढते हैं।
- गरीब के खून में न जाने कौन सी मिठास होती है कि हर अमीर उसे पीना चाहता है।
- यदि हम नौकरी करते हैं तो हमें अमीर बनने के लिए एक से अधिक काम करना होगा।
- जब तक मजदूर के हाथ–पैरों में छाले नहीं पड़ते कोई भी मालिक अमीर नहीं बन सकता।
- हमारी सोच के अलावा हमारी पैसा खर्च करने की आदत ही हमें गरीब या अमीर बनाती है।
- गरीबी से अमीरी के सफर पर आगे बढ़ने वाले कभी भी किसी चीज का दिखावा नहीं करते।
- जो इंसान अपनी कमाई से अधिक खर्च करता रहता है उसे कोई भी अमीर नहीं बना सकता।
- रईस लोग भी हर तकनीक को नहीं जानते लेकिन उनका जुनून उन्हें सब कुछ सिखा देता है।
- गरीबी की सबसे बड़ी बदनसीबी यह है कि गरीब का बच्चा हर किसी को चोर दिखाई देता है।
- किसी भी व्यक्ति की सोच में इतनी ताकत होती है कि वो उसे अमीर या गरीब बना सकती है।

- जो लोग अपनी मदद खुद नहीं करते उनकी कितनी भी मदद कर लो वो हमेशा गरीब ही रहेंगे।
- अमीर लोगों को सबसे अधिक नफरत गरीबी से होती है जबकि गरीब लोग पैसे को बुरा मानते हैं।
- गरीब लोग पैसा कमाने के लिए मेहनत करते हैं जबकि अमीर लोगों के लिए पैसा मेहनत करता है।
- अमीर लोग हर खेल पैसे पाने के लिए खेलते हैं जबकि गरीब आदमी पैसा बचाने के लिए खेलता है।
- अमीर लोग भी गरीबों की तरह ही होते हैं बस उनके काम करने का अंदाज दुनिया से अलग होता है।
- पुराने जमाने में रिश्ते इंसान को देख कर जोड़े जाते थे आज का पैमाना अमीरी और गरीबी बन गये हैं।
- गरीबी में हर करीबी साथ छोड़ देता है लेकिन एक गरीबी ही है जो आखिरी वक्त तक साथ निभाती है।
- गरीब बाप अपने बच्चों के लिए रोटी कमाने के लिए अपनी सांसों को भी गुब्बारों में भर कर बेच देता है।
- रईस सिर्फ वही लोग बन पाते हैं जो गरीबी को अपने दिलो–दिमाग से निकाल कर बहुत दूर कर देते हैं।
- हमें अपना व्यक्तित्व ऐसा बनाना चाहिए कि अच्छे लोग आप और बुरे लोग बाप कहने को मजबूर हो जायें।
- अमीर लोग सोचते हैं कि कितना सोना और खरीदे जबकि गरीब इंसान सोचता है कि आज कहाँ सोना है।
- कोई भी व्यक्ति किसी का गुलाम नहीं होता पैसे की कमजोरी ही इंसान को इंसान का गुलाम बना देती है।
- जब तक हम दिल से गरीबी को नफरत नहीं करेंगे तब तक हम अमीर बनने के बारे में सोच भी नहीं सकते।
- हमारी सोच ही हमें अमीर या गरीब बनाती है इसलिए सदैव अपनी सोच ऐसी रखो जिसमें लाभ ही दिखाई दे।
- गरीब लोग पैसा कमाने के लिए मेहनत करते हैं जबकि अमीर लोगों के लिए यह काम उनका पैसा करता है।

- गरीब व्यक्ति बेशक कितना भी ईमानदार क्यों न हो लेकिन अमीर आदमी अक्सर उसे शक की निगाह से देखते हैं।
- गरीब लोग पैसा कमाने के लिए कड़ी मेहनत करते हैं जबकि अमीर लोग अपने पैसे से कड़ी मेहनत करवाते हैं।
- रईस बनने के लिए बेकार की आदतों को सदा के लिए छोड़ कर अच्छी आदतों को अपनाना भी जरूरी होता है।
- आज का दौर भी कितना अजीब है कि गरीब हर दिन गरीब और अमीर हर दिन और अधिक अमीर होता जा रहा है।
- अमीर लोग एक सबक को हमेशा याद करते हैं कि अपने आसपास काम करने वालों पर कितना भरोसा करना है।
- अमीरी–गरीबी का फर्क समझने वाले जानते हैं कि गरीबी एक ऐसी लानत है जो किसी गरीब को भी अच्छी नहीं लगती।
- बहुत सारे गरीब लोग स्मार्ट होते हुए भी अमीर नहीं बन पाते क्योंकि उनके अंदर हिम्मत और हौसले की कमी होती है।
- गरीब लोग अपने वेतन से थोड़ा बहुत पैसा भी नहीं बचा पाते, परंतु अमीर लोग उसे कई गुना और बढ़ाने की सोचते हैं।
- गरीब लोगों को हमेशा अच्छे वक्त का इंतजार रहता है जबकि अमीर लोग हर वक्त को अच्छा बनाने की क्षमता रखते हैं।
- गरीब लोग अपने दिमाग के बारे में कभी नहीं सोचते जबकि अमीर लोग उसी का फायदा उठा कर करोड़ों रुपये कमा लेते हैं।
- गरीब लोग पैसा कमाने के लिए उसके पीछे भागते हैं जबकि अमीर लोग उसे अपनी और आकर्षित करने का हुनर जानते हैं।
- अमीर लोग अपने पैसे के दम पर गरीब मजदूरों से कड़ी मेहनत करवाते हैं क्योंकि वो जानते हैं कि पैसा इनकी कमजोरी है।
- जिदंगी में कोई चीज आपको अच्छी नहीं लगती तो उसे बदल डालो, अगर बदल नहीं सकते तो अपना नजरिया बदल लो।
- गरीब लोग अपनी गरीबी अपने तक ही रखते हैं क्योंकि वो जानते है कि अमीर लोग गरीबी का बहुत जल्द मज़ाक बना देते हैं।
- छोटी सोच वाले जल्दी से पुरानी बातों को नहीं छोड़ते जबकि अमीर लोग हर नये बदलाव का खुल दिल से स्वागत करते हैं।

- अमीर लोग और ज्यादा पैसा कमाने के लिए खुद काम करने की बजाए अपने से अधिक बुद्धिमान लोगों को नौकरी पर रखते हैं।
- आम लोग दुनिया की अधिकतर चीजे आखों से देखते हैं लेकिन रईस लोग अपने हर विचार को दिमाग से देखना पसंद करते हैं।
- अमीर और गरीब इंसान में सबसे बड़ा फर्क देखना हो तो केवल एक बात को देखो कि यह दोनों अपना समय कैसे गुजारते हैं।
- आज अमीर लोगों के पास रोटी खाने का भी समय नहीं है जबकि गरीब आदमी अपना सारा समय रोटी कमाने में गुजार देता है।
- गरीब आदमी अपने काम कल–परसों पर टालने की सोच रखते है जबकि अमीर लोग उसे आज ही पूरा करने में विश्वास रखते है।
- अगर हमें सबसे अधिक अमीर बनना है तो दुनिया की सारी बातें भुला कर सिर्फ इतना याद रखना होगा कि "मुझे अमीर बनना हैं।"
- अमीर लोग छोटी बातों को अनदेखा कर के तेजी से आगे बढ़ जाते हैं जबकि गरीब लोग छोटी–छोटी समस्याओं में ही उलझे रहते हैं।
- एक गरीब आदमी अपने दुख–दर्द और तकलीफों में ही उलझा रहा है जबकि अमीर लोग कभी भी अपने लक्ष्य से नजरें नहीं हटाते।
- साधारण आदमी को एक नौकरी मिल जाये तो वो उसी में खुश हो जाता और नौकरी चाहे जैसी भी हो वो हमें धनवान नहीं बनने देती।
- रईस लोग हमेशा उन चीजों पर पैसा खर्च करते हैं जो उन का समय बचा कर उनकी कमाई करने की क्षमता को तेजी से बढा़ सके।
- रईस लोगों के साथ हर काम बहुत सावधानी से करना चाहिए क्योंकि वो दूसरों की कमजोरिया का भरपूर लाभ लेने की क्षमता रखते हैं।
- बहाने बना कर अपनी जिम्मेदारी को आसानी से टाला जा सकता है, शायद इसीलिए गरीब लोग इनका सबसे अधिक उपयोग करते हैं।
- गरीब लोगों को बेबस शायद इसीलिए कहा जाता है कि उनका न तो किस्मत के आगे और न ही अमीर लोगों के सामने बस चलता है।
- दुनिया के रईस लोगों के बारे में पढ़ कर देखो आपको शायद ही कोई ऐसा करोड़पति मिले जिसने नौकरी कर इतनी दौलत कमाई हो।
- दौलत कमाने के लिए जिदंगी में कई बार झुकना भी जरूरी होता है लेकिन अगर हर बार हमें ही झुकना पड़े तो वहां रूक जाना चाहिए।

- आजकल रईस लोग गरीब लोगों के बारे में अधिक नहीं सोचते क्योंकि उन्हें लगता है कि उनकी सोच भी गरीब लोगों की तरह हो जायेगी।
- गरीब लोगों की सोच आज भी यही है कि अमीर बनना है तो अधिक मेहनत करो, जबकि अमीर लोग अपना हर काम स्मार्ट ढंग से करते हैं।
- छोटी सोच वालों के पास भी कई बार पैसा कमाने के बहुत सारे आइडिया होते हैं लेकिन वो खुद ही बेवजह हार मान कर पीछे हट जाते हैं।
- हमें कभी भी गरीबी या गरीबी से जुड़े हालात के बारे में बात करने की बजाए दौलतमंद बनने के मौकों को तलाशने पर विचार करना चाहिए।
- गरीब लोग मेहनत कर कुछ पैसा तो कमा लेते हैं लेकिन वो इतना पैसा कभी नहीं कमा पाते जिससे अपनी सभी जरूरतें पूरी कर पाएं।
- अमीर लोगों का मानना हैं कि वो अपनी जिदंगी को खुद बनाते हैं जबकि गरीब व्यक्ति सब कुछ किस्मत के भरोसे करने में यकीन करता हैं।
- रईस लोग अपना हर काम आज से ही शुरू करने में विश्वास रखते हैं जबकि गरीब लोग अपना हर काम कल से शुरू करने की बात करते हैं।
- एक आम इंसान अक्सर यह सोचता है कि उसका सफल होना कठिन हैं? जबकि रईस लोगों की सोच यह होती है कि मैं सफल क्यों नहीं हो सकता।
- रईस लोग धन–दौलत एवं चांदी–सोने की फिक्र करते हैं जबकि गरीब आदमी सिर्फ इतना सोचता हैं कि खुले आसमान के नीचे आज कहां सोना हैं।
- रईस लोग अपने काम के समय से कहीं अधिक काम करने में विश्वास करते हैं जबकि आम लोग छुट्टियों का हिसाब रखने में खुशी महसूस करते हैं।

- गरीबी हमें हर दिन बहुत कुछ नया सिखाती है अगर इसी ज्ञान का सही ढंग से इस्तेमाल करना शुरू कर दें तो गरीबी को खत्म करने में देर नहीं लगती।
- अमीर लोगों को अगर कभी अपने लक्ष्य को हासिल करने में परेशानी आ भी जाये तो वो कभी भी लक्ष्य को बदलने की बजाए अपने रास्ते बदल लेते हैं।
- गरीब लोग अपनी कमाई, घरों के मसलों से लेकर अपनी हर योजना भी दोस्तों के साथ शेयर करते रहते हैं जबकि अमीर लोग यह गलती कभी नहीं करते।
- रईस बनना या गरीब रहना यह सब हमारी आदतों पर निर्भर करता है, जिनकी आदतें अच्छी होती हैं वो अमीर बन जाते हैं और बाकी गरीब ही रह जाते है।
- अमीर लोग और अधिक पैसा कमाने के लिए अच्छी टिप्स देने वाली किताबें खरीद कर पढ़ते रहते हैं जबकि गरीब आदमी को यह बेकार का खर्चा लगता हैं।
- हर इंसान अमीर बन कर जीने के लिए पैदा होता है वो बात अलग है कि कुछ लोग हालात से घबरा कर सारी उम्र गरीबी में ही गुजारने को मजबूर हो जाते हैं।
- अगर कोई इंसान गरीब है तो यह कोई खास समस्या नहीं है लेकिन अगर उसके अदंर अमीर बनने की इच्छा ही नहीं है तो यह एक गंभीर परेशानी हो सकती है।
- हमें अपनी गरीबी के लिए कभी भी दूसरों को दोष नहीं देना चाहिए, बल्कि अपनी कमजोरियों को पहचान कर उनमें तेजी से सुधार करने का प्रयास करना होगा।
- कामयाब व्यक्ति कभी किसी को वो राय नहीं देते जो काम उन्होंने अभी तक खुद नहीं किया होता जबकि गरीब लोग बिना मांगें हर किसी को सलाह देते रहते हैं।
- कुछ गरीब लोग अक्सर यह कहते हैं कि हम अपनी गरीबी में ही खुश हैं, वो यह जानते ही नहीं कि अमीर बन कर हम अपनी खुशी को कई गुणा अधिक बढ़ा सकते हैं।

- जब तक बहुत मजबूरी न हो अमीर लोग कर्ज नहीं लेते जबकि गरीब लोग हर छोटी जरूरत को पूरा करने के लिए कर्ज लेकर अपनी सारी उम्र किश्तें भरने में ही गुजार देते हैं।
- गरीब लोगों को बुढ़ापे में भी रोटी कमाने के लिए मेहनत करनी पड़ती है जबकि अमीर लोग जवानी में इतना पैसा कमा लेते हैं कि उन्हें बाद में कोई काम करने के बारे में सोचना ही नहीं पड़ता।
- अमीर और गरीब व्यक्ति में सबसे बड़ा एक ही फर्क होता है कि गरीब आदमी अपनी जिदंगी में लाखों बहाने बनाता रह जाता है और अमीर लोग इतने समय में लाखों–करोड़ों रुपये कमा लेते हैं।
- गरीब लोग हर समय अपनी परेशानियों के बारे में ही सोचते रहते हैं वो भी अगर नये मौकों के बारे में सोचना शुरू कर दें तो अपनी किस्मत को आसानी से बदल सकते हैं।
- दौलतमंद लोगों की सोच यह कहती है कि दूसरे लोग क्या करते हैं, कैसे कमाते हैं, कहा जाते हैं यह सारी बातें भूल कर अपना सारा ध्यान अपने सपनों पर केद्रिंत करो।
- आम लोग किसी भी महंगी चीज को देखते ही कह देते हैं कि यह तो मैं नहीं खरीद सकता जब कि अमीर लोग यह सोचते हैं कि महंगी चीजों को कैसे खरीदा जा सकता है।

❍

.16.

गांव में पैसा कैसे कमाएं

आज के दौर की बात की जाए तो सबसे पहले यही समझ आता है कि दुनिया बहुत छोटी हो चुकी है। कुछ समय पहले तक जहां एक संदेश दूसरी जगह भेजने में कई दिनों का समय लगता वो सारे काम अब पलक झपकते ही हो जाते हैं। इसलिए एक बात पक्के तौर से कही जा सकती है कि इंटरनेट के आने के बाद गांव, कस्बों और शहर का फर्क बिलकुल खत्म हो चुका है। हमारा मोबइल फोन एक मिनट में हमें सारी दुनिया की बिलकुल स्टीक जानकारी दे सकता है। हम शहर में रहते हैं या गांव में उससे कोई खास फर्क नहीं पड़ता। जरूरत सिर्फ इस बात की होती है कि हम हर दिन अपनी जानकारी बढ़ाते रहें। हमें यह समझने की जरूरत होती है कि शहर वालों को गांव से किस प्रकार के समान की जरूरत है और गांव वालों को शहर की कौन सी वस्तुएं पसंद हैं। बाकी का सारा काम करने में इंटरनेट हमारी मदद कर देता है। यह सब कुछ शुरू करने से पहले हमें इतना जरूर जान लेना चाहिए कि हमारे अंदर किसी चीज के प्रति सबसे अधिक लगाव है। क्योंकि जितनी अधिक किसी चीज के बारे में जानकारी होगी उस चीज का व्यापार करने से ही हम अधिक मुनाफा कमा पाएंगे।

अब हम यह जानने की कोशिश करते हैं कि गांव में रहते हुए भी कैसे दौलत कमाई जा सकती हैं :–

पैसा पेड़ों पर उगता है :

हम सभी बचपन से एक ही बात सुनते आए हैं कि पैसे पेड़ों पर नहीं लगते। यह कहावत कब और किस ने कही यह तो हम नहीं जानते। लेकिन जिस तरह दुनिया तेजी से बदल रही है, इसी के साथ इस तरह

की कहावतों के मायने भी बदलते जा रहे हैं। इस अध्याय में हम उन लोगों की कमाई के बारे में विचार करेंगे जो गांव में रह कर खेती–बाड़ी से जुड़े हुए हैं। हम कुछ नई किस्म की खास फसलों से जुड़ी कुछ ऐसी जानकारियाँ देंगे जिनके बारे में सुन कर आप चौंक जाएंगे। कुछ सब्जियाँ तो इतनी महंगी हैं कि आम आदमी को उन्हें खरीदने के लिए बैंक से लोन तक लेना पड़ सकता है। यह तो सिर्फ कुछ उदाहरण हैं लेकिन खेती करके इंसान करोड़पति बन सकता है।

हॉप–शूट्स (Hop Shoots)

इस सब्जी के बारे में अगर आपको कहा जाये कि यह देश में बिकने वाली सबसे महंगी सब्जी है तो शायद आपको यकीन नहीं होगा। औरंगाबाद इलाके में पैदा होने वाली यह सब्जी तकरीबन 85 हजार से एक लाख रुपये किलो के हिसाब से बिकती है। इस सब्जी का इस्तेमाल बहुत सारी दवाइयाँ और बीयर बनाने में किया जाता है। बिहार के भी कई किसान इस फसल को उगा दूसरी फसलों की तुलना में कई गुणा अधिक कमाई कर रहे हैं।

वनीला

अब आपको एक और बेशकीमती फसल के बारे में बताते हैं, इसका नाम है वनीला। इसकी कीमत सुन कर भी आप हैरान हो जाएंगे। हमारे अपने देश में एक किलो वनीला खरीदने के लिए तकरीबन 40 हजार रुपये तक देने पड़ेंगे। वही विदेशों में वनीला की कीमत 600 डॉलर से अधिक है। इसका उपयोग आइसक्रीम में अलग किस्म का फलेवर बनाने के लिए किया जाता है। इसके अलावा बहुत सारे देश वनीला का उपयोग शराब, परफ्यूम और मंहगी मिठाइयों के बनाने में भी करते हैं।

खुखड़ी

यह सब्जी हिमाचल में उगाई जाती है। आमतौर पर सावन के महीने में इसकी खपत काफी अधिक बढ़ जाती है। इस सब्जी की कीमत है 1200 रुपये प्रति किलो। इतनी मंहगी होने के बावजूद भी यह सब्जी हाथों–हाथ बिक जाती है।

नर्सरी यानी पौधों की दुकान

अगर किसी किसान के पास जमीन का एक छोटा सा भी टुकड़ा है तो उससे वो गेहूं चावल की फसल उगा कर कमाई तो नहीं कर सकता। लेकिन अगर उसे अलग–अलग किस्म के पौधों के बारे में अच्छी जानकारी है तो वो उसी जमीन के टुकड़े पर नर्सरी यानी पौधों की दुकान शुरू कर सकता है।

- किसानों के घरों के साथ उनके दिल और दिमाग भी बहुत बड़े होते हैं।
- गांव के बने देसी पापड़ अचार, गुड़ आदि शहर वालों के लिए अनमोल होते हैं।
- फूलों से कमाई करने के लिए पहले बीजों को जमीन में दफन करना पड़ता है।
- अपने दिमाग का इस्तेमाल करने वाले हर जगह पैसा कमाने का जुगाड़ ढूंढ ही लेते हैं।
- दौलत कमाने के साथ यदि सारी जिदंगी खुश रहना चाहते हो तो फूलों की खेती करना शुरू कर दो।
- बुद्धिमान किसान बेशक बहुत पढ़े–लिखे नहीं होते लेकिन वो हमेशा बोलते बहुत कम हैं और सुनते अधिक हैं।
- हम गांव में रहे या शहर में पैसा कमाना कोई मुश्किल नहीं है बस पैसा कमाने की भूख होनी चाहिए।
- हर जगह कोई न कोई समस्या जरूर होती है उसका हल ढूंढने वाले इसी हुनर से दौलत कमा सकते हैं।
- खेती से पैसा कमाने के लिए समझदारी एवं तकनीकी गुणों के अलावा दो और चीजों की बहुत जरूरत होती है, उसको कहते हैं धैर्य एवं अनुभ। गांव के युवा तो अपने मोबइल फोन और इंटरनेट की मदद से सैकड़ों काम ऑनलाइन करके बहुत सारे तरीकों से बेशुमार दौलत कमा सकते हैं।

❍

.17.

सर्वश्रेष्ठ निवेश विकल्प

बचत करना क्यों जरूरी है, बचत कैसे की जाएं, बचत करने से क्या फायदे होंगे। बचत के पैसे को कहां निवेश करना चाहिए। इन सभी सवालों के जवाब हम इस अध्याय में जानने का प्रयत्न करेंगे। बचत करने और उसे निवेश करने का सबसे आसान उदाहरण हम किसान की जिदंगी से सीख सकते हैं। कोई किसान गेहूं, चावल, मक्का आदि कुछ भी उगाता हो। जब भी फसल पक कर तैयार हो जाती है वो सबसे पहले अपनी फसल में से अगली फसल के बीज निकाल कर अलग रख लेता है। जिससे उन बीजों का इस्तेमाल करते हुए वो फिर से अच्छी फसल उगा कर अच्छी कमाई कर सके। बिलकुल इसी तरह जीवन में पैसा कमाना जितना जरूरी है उसी तरह उस में से कुछ हिस्से को भविष्य के लिए बचाना भी बहुत जरूरी होता है। आमतौर पर लोग यह कहते हैं कि हमारे खर्चे ही पूरे नहीं होते ऐसे में हम बचत कहाँ से करें। यह सच है कि बचत करना आसान नहीं होता। लेकिन हर काम को करने के कुछ नियम होते हैं। हम उन नियमों के महत्त्व को समझते हुए दृढ़शक्ति के साथ अपनाएं तो फिर यह काम ज्यादा मुश्किल नहीं होगा। बात चाहे हमारे घर की हो या व्यापार की। सबसे पहले हमें अपने लिए एक बजट बनाने की जरूरत होती है। इससे हमें यह मालूम हो जाता है कि हमें हर महीने कौन से खर्चे करने हैं। हम जब भी बजट बनाए तो एक बात का ध्यान जरूर रखें कि क्या इन में कुछ खर्चों में कटौती की जा सकती है। ऐसी कौन सी चीजें हैं जिसके बिना भी हमारा काम चल सकता है। इसी तरह खरीददारी करने से पहले अपनी जरूरत की सभी चीजों की लिस्ट भी बनानी चाहिए। इससे हम बाजार जा कर

फालतू का सामान खरीदने से बच जाते हैं। अब यह जो बचत हमने की है जरूरत है इसको निवेश करने की। शुरू में अगर पैसे थोड़े कम भी हैं तो उसे बैंक में जमा करवा सकते हैं। जैसे–जैसे यह रकम बढ़ने लगे तो उसी के हिसाब से आज बाजार में बहुत सारे विकल्पों में किसी एक को चुन कर निवेश कर सकते हैं। हम अक्सर देखते हैं कि बाजार में उतार–चढ़ाव तो आते ही रहते हैं लेकिन हमें घबराने की बजाए सतुंलन बनाए रखना चाहिए। कभी भी हड़बड़ी में अपनी जमीन–जयदाद या शेयर आदि नहीं बेचने चाहिए। इस अध्याय में हम दुनिया के सबसे रईस लोगों के अनुभवी विचारों और व्यवहार को समझने की करेंगे जो जिस ने उनको दुनिया में एक अलग पहचान दिलवाई है।

बचत की बातें :-

- जब तक हमारे पास पैसे हों तभी तक दुनिया वाले हमें पसंद करते हैं।
- सबसे पहले धन को बचाओ फिर उसमें से जितना बचा है उसे खर्च करो।
- पैसे को बचाने का सबसे अच्छा वक्त वो होता है जब पैसा हमारे हाथ में आता है।
- दौलत कमाने के लक्ष्य तय करने के साथ ही हमें बचत के बारे में भी सोच लेना चाहिए।
- छोटी–छोटी बचत किसी भी साधारण व्यक्ति को सबसे अमीर बनाने की ताकत रखती है।
- नाम और पहचान बनानी है तो धन कमाने के साथ धन बचाने का हुनर भी आना चाहिए।
- आज अगर हम एक रुपया भी बचाते हैं तो आने वाले समय में वो सो रुपये बन सकते हैं।
- जो लोग पैसे को बचाने का हुनर जानते हैं पैसा उन्हें हर मुश्किल समय में बचा लेता है।
- पैसा कमाना इतना कठिन नहीं होता जितना कि उसको भविष्य के लिए संभाल कर रखना।

- कुछ लोगों के मुताबिक पैसा बचाना गलत है तो ऐसे में हमें ठीक होने की जरूरत नहीं है।
- जो लोग जवानी के दिनों में धन को नहीं बचाते उन्हें बुढ़ापे में बहुत संघर्ष करना पड़ता है।
- पैसों की बचत के बिना आने वाले समय में काफी मुश्किलों से सामना करना पड़ सकता है।
- सिर्फ पैसे में इतनी ताकत है कि हम जहां भी जाना चाहें यह हमें वहां तक ले जा सकता है।
- रईस लोग इस ढंग से पैसा बचाते हैं कि वो सारा जीवन अपनी शर्तों पर आसानी से जी सकें।
- पैसा कभी सोता नहीं है इसलिए कोशिश कर के हर समय उसका इस्तेमाल करते रहना चाहिए।
- छोटी–छोटी बचत करके उसे सही जगह निवेश करने से अमीर बनना काफी आसान हो जाता है।
- धन को बचाने के बारे में सिर्फ सोचने से पैसे नहीं बचते, बल्कि आज से ही बचत शुरू करनी होगी।
- जब तक हम अच्छे से कमाई करना न शुरू कर दें हमें कोई भी गैरजरूरी चीज नहीं खरीदनी चाहिए।
- अमीर बनने के लिए हमारी जितनी भी योजनाएं हैं उस में सबसे पहली प्राथमिकता बचत होनी चहिए।
- हम कितना पैसा कमाते हैं इससे अधिक यह महत्त्वपूर्ण है कि हम उसमें से कितनी रकम बचा पाते हैं।
- हम जब कभी भी बाजार जायें तो हमें सिर्फ वही चीजें खरीदनी चाहिए जो हमारे लिए बहुत जरूरी हों।
- बैंक चाहे कितना भी अच्छा क्यों न हो लेकिन उसमे पैसे रख कर आज तक कोई अमीर नहीं बन पाया।
- जहाँ से भी थोड़े पैसे बचा सकते हो उन्हें बचा कर निवेश करते रहें, इससे अतिरिक्त कमाई हो सकती है।
- अमीर बनने के लिए जरूरी है कि हर महीने कुछ न कुछ बचत कर के उसे सही जगह पर निवेश करें।
- धनी लोग पैसे के लिए काम नहीं करते वो अपने बचाए हुए पैसे से सारे काम करवाने की तकनीक जानते हैं।

- कुछ लोग उस समय तक पैसे की कद्र ठीक से नहीं कर पाते जब तक वो बिलकुल खत्म होने की कगार पर न पहुंच जायें।
- हमारी अधिकतर परेशानियाँ उस समय बढ़ती हैं जब हम बेवजह बैंक से कर्ज ले कर व्यापार करना शुरू करते हैं।
- अपनी कमाई से हर महीने थोड़ी बहुत बचत करने वाले को किसी भी काम के लिए दूसरों से उधार नहीं लेना पड़ता।
- समझदार व्यापारी कभी भी अपनी कमाई का 100 प्रतिशत खर्च नहीं करते, इससे उन्हें कभी भी कर्ज नहीं लेना पड़ता।
- हर साल हमारे कारोबार में जो भी मुनाफा हो उसका 50 प्रतिशत फिर से कम्पनी को बढ़ाने के लिए निवेश कर देना चाहिए।
- साधारण लोग सोचते हैं कि अगर हम अधिक से अधिक समय तक घर में ही सोते रहेंगे तो शायद बहुत सारे पैसे बचा लेंगे।
- आज जितने पैसों से हम अपनी जिदंगी की जरूरतें पूरी कर रहे हैं, बुढ़ापे में शायद इससे दोगुना पैसों से भी हम नहीं कर पाएंगे।
- पैसा कमाने के साथ पैसा बचाने पर इसलिए भी ध्यान देना जरूरी होता क्योंकि न जाने अचानक कौन सा खर्चा सिर पर आ जाये।
- कोई भी व्यक्ति अपनी कमाई से कभी अमीर नहीं बन पाया उसकी बचत और खर्च करने की आदतें उसे अमीर या गरीब बनाती हैं।
- बहुत सारे लोग बचत तो अच्छे से करना जानते हैं लेकिन असली फायदा उस पैसे को सही जगह निवेश करने से ही मिल पाता है।
- अपनी कमाई से हर महीने बचत करना काफी मुश्किल काम होता है लेकिन दृढ़ इच्छाशक्ति के दम पर यह आसानी से किया जा सकता हैं।
- बेशक हमारे पास कितनी भी दौलत क्यों न आ जाए लेकिन फिर भी हमें एक आम आदमी की तरह साधारण जीवन जीने का स्वभाव रखना चाहिए।
- दोस्तों के साथ घूमने–फिरने और पार्टी करने में काफी पैसा खर्च हो जाता है इसे थोड़ा कम कर के पैसा और समय दोनों को बचाया जा सकता है।
- किसी भी कम्पनी में निवेश करने से पहले उसकी प्रतिष्ठा के बारे में जरूर मालूम करें, साथ ही वो अगले 5–10 साल बाद कैसा कारोबार कर पायेगी।

- एक–एक पैसा जो हम बचाते हैं वो भी हमारी कमाई का हिस्सा होता हैं, इसलिए अपने जरूरी खर्चों के अलावा एक रूप्या भी खर्च करने से हमें दस बार सोचना चाहिए।
- सारा जीवन अगर खुशियों का आनंद लेना है तो हमें अधिक से अधिक पैसा बचाना चाहिए और उसे कभी भी अपनी बेकार की ख्वाहिशें पूरी करने में खर्च नहीं करना चाहिए।

निवेश कैसे करें :-

जवानी के दिनों में पैसा खर्च करना सभी को अच्छा लगता है लेकिन अगर भविष्य को सुरक्षित बनाना है तो उसके लिए हर हाल में निवेश करने की आदत बनानी होगी। अब निवेश कहा किया जाये ताकि आमदनी भी होती रहे और हमारा पैसा भी सुरक्षित रहे। इसके लिए हमें एक–दो नहीं बहुत सारे विकल्पों के बारे जानने की जरूरत होती है। जिससे अगर कमाई का एक रास्ता कभी बंद भी हो जाये तो हम दूसरी जगह निवेश करके कुछ कमाई कर सकें। हमारे यहां कोई व्यक्ति सरकारी नौकरी करता है, कोई बैंक में काम और कुछ लोग अपनी दुकानदारी या कारोबार करते हैं।

इसलिए हर व्यक्ति के हालात, बचत और निवेश करने के तरीके एक जैसे नहीं हो सकते हैं। सेवानिवृत हो चुके लोग बैंक के फिक्सड डिपाजिट, मूयुचजल फंड, शेयर बाजार, इक्विटी आदि में अपने पैसे को रखना पसंद करते हैं। कई लोग पैसे की सुरक्षा को ध्यान में रखते हुए डाकघर की अन्य सुकन्या समृद्धि योजना, सीनियर सिटीजन स्कीमों में पैसा निवेश करने को प्राथमिकता देते हैं। वहीं देश का युवा वर्ग शेयर मार्किट, प्रॉपर्टी और दूसरे विकल्पों के बारे में अधिक सोचते हैं। हर निवेशक को निवेश करने से पहले यह समझ लेना चाहिए कि वो कितना जोखिम उठा सकते है जैसे कि बहुत अधिक, बिलकुल सुरक्षित या मध्यम किस्म का। अब अगर आप बुढ़ापे में भी आर्थिक आजादी चाहते हैं तो अपने पैसे को इस तरह से निवेश करें कि वहां से कमाई होने के साथ पैसा भी सलामत रहे। आज के समय में हर जगह निवेश के विशेषज्ञ वितीय सलाहकार मिल जाते हैं उन लोगों से सलाह मशविरा करके ही निवेश किया जाए तो हमारी पूंजी ज्यादा सुरक्षित रह पाती है।

अब इन्हीं मुद्दों से जुड़े कुछ और विचार आपको बता रहे हैं जिससे आप अपनी मेहनत से कमाए हुए पैसे का पूरा लाभ ले सकें :–

- भविष्य को सुरक्षित बनाने के लिए पूंजी निवेश सबसे जरूरी है।
- कभी भी किसी अज्ञानी इंसान की सलाह पर निवेश नहीं करना चाहिए।
- हमारे जितनी अधिक दौलत होगी उतनी ही हमारी बाजार में साख बढ़ेगी।
- सबसे अच्छे निवेशक हमेशा अपनी जिदंगी और व्यापार में कामयाब रहते हैं।
- ज्ञान पाने के लिए किये गये पैसे और समय का निवेश सारी उम्र फल देता है।
- सारी उम्र मालामाल बने रहने के लिए हमेशा प्रॉपर्टी में निवेश करते रहना चाहिए।
- दौलत कमाने के लिए हम जितने अधिक स्त्रोत बढ़ा सकें उतना ही अच्छा होता है।
- अपनी दौलत पर विश्वास रखो और जहां भी निवेश करो पूरे विश्वास के साथ करो।
- मकान मालिक बनने की कोशिश करो क्योंकि वो सोते हुए भी मुनाफा बढ़ाता रहता है।
- जिस कारोबार की पूर्ण रूप से जानकारी न हो उस में कभी भी निवेश नहीं करना चाहिए।
- जिस स्त्रोत से हमें पहली बार अच्छी कमाई हो वहां पर दोबारा भी निवेश करते रहना चाहिए।
- इस धरती पर निवेश करने के लिए सबसे अच्छी जगह धरती का एक टुकड़ा खरीदना होता है।
- पैसे को सदा ऐसी जगह निवेश करना चाहिए जहां से वो कई गुणा अधिक बढ़ कर वापिस आए।
- जल्दी अमीर बनने के लिए अपनी बचत के पैसे बैंक में न रख कर प्रॉपर्टी खरीदने में निवेश करें।
- बुद्धिमान लोगों से अधिक वो लोग समझदार होते हैं जो यह जानते है कि वो अभी कुछ नहीं जानते।
- अधिक पैसा कमाने के लिए पैसे को बचा कर घर में रखने की बजाए उसे निवेश करते रहना चाहिए।

- अधिकतर लोग निवेश करने से पहले सोचते बहुत कम हैं और हिसाब–किताब में अधिक उलझे रहते हैं।
- अपनी बचत से अगर अधिक लाभ उठाना हो तो उसे हमेशा लंबी अवधि के लिए ही निवेश करना चाहिए।
- निवेश करने का सिर्फ एक ही उद्देश्य होता है कि आने वाले समय में बिना मेहनत के कमाई की जा सके।
- बेशुमार दौलत कमाना चाहते हो तो जायदाद खरीदने के लिए इंतजार मत करो, संपति खरीद कर इंतजार करो।
- निवेश करते समय एक खास बात का ध्यान रखना जरूरी होता है कि हम इंक्म टैक्स में कैसे लाभ ले सकते हैं।
- जो लोग हर दिन कारोबार को समझने की कोशिश करते हैं वही निवेश करके सबसे अधिक मुनाफा कमा सकते हैं।
- दुनिया के अधिकतर रईस ऐसी जगह पर अपना पैसा लगाते हैं जहां से वो खुद ही लगातार कई गुणा तक बढ़ता रहता है।
- रईस लोग अच्छी प्रापर्टी खरीदने के लिए इंतजार नहीं करते वो संपति खरीद कर फिर लबें समय तक इंतजार करते हैं।
- किसी भी चीज में निवेश करने से पहले अपना थोड़ा दिमाग और समय उसकी जानकारी लेने के लिए जरूर निवेश करें।
- पैसे को निवेश करने का आईडिया बेशक चाहे कितना भी छोटा हो लेकिन उसे बहुत गंभरीता से समझने की जरूरत होती है।
- समय कभी भी एक जैसा नहीं रहता इसलिए कमाए हुए पैसे को इस तरह से निवेश करो कि वो हमें भविष्य में संभाल सके।
- कुछ भी खरीदते समय इस बात का ध्यान जरूर रखना चाहिए कि क्या हम यह वस्तु अधिक समय तक हमारे काम आ पाएगी।
- अमीर बनने के लिए जब भी मौका मिले थोड़ा बहुत जमीन–जायदाद में निवेश करते रहो क्योंकि यह बहुत जल्द खत्म होने वाली हैं।
- कुछ लोग पैसा कमाने को बाएं हाथ का खेल समझते हैं हम भी अगर इस खेल को सीख लें तो काफी अच्छी आमदनी की जा सकती है।
- निवेश करना तो हर कोई जानता है लेकिन सही समय पर कहां निवेश करना चाहिए यह सिर्फ बुद्धिमान और अमीर लोग ही जानते हैं।

- हम जब कभी भी शेयर बाजार में पैसा निवेश करें तो यह सोच कर करना चाहिए कि अब यह पैसा हमें 4–5 साल के बाद ही मिलेगा।
- पैसे से पैसा कमाने के लिए अमीर लोग अपनी बचत को इस तरह से निवेश करते रहते हैं कि बुढ़ापे तक उन्हें हर दिन अच्छी कमाई हो सके।
- पैसे से पैसा कमाने के लिए उसे अलमारी में आराम करने के लिए मत छोड़िये बल्कि उसे सही जगह पर निवेश कर के कमाई करने पर लगाओ।
- सोते हुए भी पैसा अमीर बन कर पैसा कमाना चाहते हो तो ऐसी जमीन–जयदाद, संपति में निवेश करो जहां से किराये की शकल में हर महीने मोटी रकम मिल सके।
- शेयर बाजार में पैसा निवेश करने से पहले एक बात का ध्यान रखो कि कोई भी शेयर बुरा नहीं होता, जिस कंपनी में हम निवेश कर रहे हैं वो अच्छी या बुरी हो सकती है।
- स्कूल–कॉलेज में सबसे अधिक सफल होने वाले छात्र भी जिदंगी में तभी कामयाब हो पाते हैं जब वो पैसे को कमाने के साथ उसे ठीक से संभालने के तौर–तरीके सीख लेते हैं।
- अमीर लोग हर हालत में अपनी कमाई का 10 से 15 प्रतिशत बचा कर उसे ऐसी जगह निवेश करते हैं जहाँ से कुछ अतिरिक्त आय होने लगे।
- जब हम अपने लिए कोई घर खरीदते हैं तो वो सिर्फ घर नहीं होता बल्कि उसके साथ हमारे सारे परिवार के सपने और भावनाएं भी जुड़े होती हैं।
- जो लोग पार्ट टाईम काम करके अतिरिक्त कमाई नहीं कर सकते उन्हें अपनी बचत को इस ढंग से निवेश करते रहना चाहिए जिससे अमादनी बढ़ सके।
- बाजार में साख बनाने में उम्र लग जाती है और उसे गंवाने में एक मिनट, जिस व्यक्ति को यह बात समझ आ जाती है उसे कभी नुकसान नहीं हो सकता।

❍

.18.

पैसे बिना भी क्या जीना

पैसे की अहमियत के बारे में हम पहले ही अच्छे से जान चुके हैं। पैसे के बिना जो सबसे पहली बात हमारे मन में आती है कि पैसे बिना सब सूना यानी पैसे के बिना जिदंगी के कोई मायने नहीं रह जाते। पैसे के बिना एक दिन भी बिताना बहुत मुश्किल है। अब देखने वाली बात यह है कि जब कभी धन–दौलत हम से रूठ जाये तो उस समय कैसा महसूस होता है। इस बात को यूं भी कह सकते हैं कि पैसे के बिना जिदंगी कैसे जी जाये। एक बात तो हर कोई जानता है कि पैसा न सिर्फ हमारा रहन–सहन बल्कि समाज में रुतबा भी बदल देता है। पैसे की बदोलत हम बहुत सारे नये विचारों को अमली जामा पहना कर अपने व्यापार को दुनिया के हर कोने तक पहुंचा सकते हैं। जबकि धन–दौलत के बिना हमारी जिदंगी में सिर्फ कष्ट और परेशानियां ही बचती हैं। समस्या चाहे हमारे घर की हो या कामकाज की। हर समस्या के हल का एक ही जवाब होता है पैसा।

अब हम बात करेंगे पैसा कमा कर अमीर बनने की। सफर हमारी जिदंगी का हो या दौलत कमाने का। वो चाहे कितना भी लंबा क्यों न हो, किसी तरह का भी हो, उसकी शुरुआत पहले एक छोटे से कदम से होती है। जिस दिन हम थोड़ी सी हिम्मत दिखाते हुए अपना पहला कदम मंजिल की और बढ़ा लेते है, फिर देर–सवेर अपनी मंजिल तक जरूर पहुंच ही जाते हैं। कोई पहाड़ कितना भी बड़ा क्यों न हो, हिम्मत और हौसला रखने वाले जानते हैं कि यह एक न दिन उनके पैरों के नीचे होगा।

ऐसे कई उदारण हम अक्सर अपनी रोजमर्रा की जिदंगी में देखते रहते हैं। अगर साधारण लोगों की बात की जाऐ तो वो सोचते हैं कि पैसा हर बुराई की जड़ है जबकि अमीर लोग सोचते हैं कि गरीबी हर बुराई की जड़ है। अमीर लोग जिदंगी की शुरूआत में ही बड़े सपने देख कर उनको सच करने में जुट जाते हैं जबकि गरीब लोग अपने परिवार की परेशानियों और बीते हुए समय में ही उलझे रहते हैं। दुनिया के कई लोगों का मानना है कि जिस किसी ने भी पैसे की खोज की है उसने यह कोई अच्छा काम नहीं किया। जबकि पैसे की बदौलत ही हम किसी के चरित्र को अच्छे से पहचान सकते हैं।

अब कुछ और विचारों के माध्यम से यह समझने का प्रयास करते है कि हमारे जीवन में धन–दौलत का कितना महत्त्व है :–

- पैसे की कमी ही हमें सबसे अधिक बुद्धिमान बनाती है।
- हमारी खाली जेब जिदंगी के सबसे अहम सबक सिखाती है।
- जो लोग पैसे का ख्याल रखते है पैसा उनको कभी परेशान नहीं होने देता।
- दौलत की कमी तभी परेशान करती है जब हमारा मन हमारे साथ नहीं होता।
- जरूरत से अधिक मन में लालच रखने वालों को पैसा कभी भी धोखा दे सकता हैं।
- अपनी इच्छाओं पर काबू न रख पाने वालों को हमेशा ही पैसे की तंगी रहती है।
- कोई भी नई चीज़ सिर्फ उस समय तक नई है जब तक वो हमें मिल नहीं जाती।
- किसी भी ढंग से पैसा कमाने के लिए सबसे पहले अच्छे ज्ञान की जरूरत होती है।
- नौकरी करने वाले अधिकतर लोगों का रईस बनने का सपना अक्सर पूरा नहीं हो पाता।
- अमीर बनने के लिए आज के दिन में इतनी मेहनत करो कि जैसे कल कभी नहीं आऐगा।

- हमारे पास इतना पैसा तो जरूर होना चाहिए कि वो हमारी जिदंगी को आसान बना सके।
- गरीब से अमीर बनने के लिए बड़ी डिग्रियों की नहीं बल्कि सही ज्ञान की जरूरत होती है।
- अमीर लोग कभी भी अपनी कमियाँ और कारोबार की बातें दूसरों के साथ शेयर नहीं करते।
- धनी लोग कभी भी टी.वी., फिल्म, सीरियल आदि देखने में अपना समय बर्बाद नहीं करते।
- काश इस दुनिया में कोई ऐसा जादू होता जो हमारे 'पर्स' को खाली होते ही फिर से भर देता।
- अमीर लोग बहुत सारी किताबें पढ़ने के साथ जिदंगी की किताब को भी अच्छे से पढ़ते रहते हैं।
- हमेशा मन से खुश रहने की कोशिश करो क्योंकि दुखी मन को तो पैसा भी खुशी नहीं दे सकता।
- धनवान लोग कभी भी इस बात की चिंता नहीं करते कि दूसरे लोग क्या और क्यों कुछ कर रहे हैं।
- हमारे देश में अमीर लोगों के बहुत सारे रिश्तेदार होते हैं जबकि गरीब लोगों के बच्चे अधिक होते हैं।
- धनवान बनने की चाहत रखने वाले 30 साल की उम्र तक पैसा कमाने के अनेक तरीके सीख लेते हैं।
- हिम्मत और हौसले को साथ ले कर चलने वाले अपने जीवन के हर सपने को हकीकत बना सकते हैं।
- जो इंसान सवाल करना नहीं छोड़ता वो जिदंगी की हर समस्या को हल बहुत जल्द ही खोज लेता है।
- आप भी यदि अमीर बनना चाहते हो तो बैकों के क्रेडिट और डेबिट कार्ड को कम से कम इस्तेमाल करें।
- पहली बार में अगर हम पैसा नहीं भी कमा पाए तो क्या हुआ, अभी हमारे पास बहुत सारे मौके और भी हैं।
- दौलत कमाने के रहस्य को जानने का सबसे आसान तरीका एक ही हैं कि अपने मन को काबू में कर लो।

- मैं हर जरूरतमंद को लाखों रुपये देना चाहता हूँ लेकिन क्या करूं अभी तक मैंने इतने पैसे कमाए ही नहीं।
- मैं भी अपने अंकल की तरह करोड़पति बनने का सपना देखता हूँ वो भी आज तक यही सपना देख रहे हैं।
- जो लोग धन–दौलत कमाने के सफर में कभी रुकते नहीं उन्हें रईस बनने से कोई ताकत नहीं रोक सकती।
- अनपढ़ आदमी को बेशक हिसाब–किताब करना न आता हो लेकिन पैसे गिनने सभी को बहुत अच्छे लगते हैं।
- जब तक हमारे विचार और कर्म एक जैसे नहीं होते उस समय तक लगातार अमीर बने रहना मुश्किल होता है।
- अमीर लोग सबसे पहले पद, प्रतिष्ठा पाने की कोशिश करते हैं वो प्यार, शादी के बारे में अधिक ध्यान नहीं देते।
- हमें अपनी टीम में सदैव ऐसे लोग रखने चाहिए जो हमारे सपनों को पूरा करने में अपनी जान तक लगा सकें।
- हमें उस वक्त भी अपने ऊपर पूरा भरोसा रखना चाहिए जब लोग कहें कि हमें तुम्हारी बात पर विश्वास नहीं है।
- जो व्यक्ति अपनी जिंदगी की किताब को सही ढंग से पढ़ना सीख ले उसकी जिदंगी को संवरने में देर नहीं लगती।
- पैसे कमाते समय अपनी सेहत का ख्याल रखना भी जरूरी है वरना पैसे का ख्याल रखना मुश्किल हो जायेगा।
- किसी कारण से अगर हम कल कुछ पैसा नहीं कमा पाऐ तो उसे भूल जाओ वरना आज भी कुछ नहीं कमा पाएंगे।
- हर इंसान में हजारों कमियाँ होती हैं, अगर कमियाँ देखनी ही हैं तो सबसे पहले हमें अपनी कमियाँ देखनी चाहिए।
- कुछ लोग इतने बड़े बेवकूफ होते हैं कि सारी उम्र गुजारने के बाद बुढ़ापे तक भी एक–एक पैसे को तरसते रहते हैं।
- अक्सर कहा जाता है कि पैसे के बिना जीना नामुमकिन होता है तो फिर गरीब लोग कैसे अपनी जिदंगी गुजारते हैं।
- हम सफलता की सीढ़ियां लगातार तभी चढ़ सकते हैं जब हम हर दिन दूसरों को प्रभावित करने का हुनर सीख लेते हैं।

- स्मार्ट बनना तो हर कोई जानता है, लेकिन अनुशासन में रह कर दौलत–पैसे को संभालना बहुत कम लोग ही समझते हैं।
- छोटी सोच वाले अक्सर यह भूल जाते हैं कि हमारी छोटी–छोटी गलतियाँ हमारे पैसे को हम से बहुत दूर कर सकती हैं।
- जो कर्मचारी हमारे व्यापार को आगे बढ़ाने में कुछ अलग से प्रयास करता है उसकी प्रंशसा करना कभी नहीं भूलना चाहिए।
- सबसे सफल लोग हमेशा भीड़ से दूर रहते हैं क्योंकि वो जानते हैं कि भीड़ सिर्फ गुनाह कर सकती है, कोई नेक काम नहीं।
- पैसे के साथ–साथ जब तक हमारे पास जिदंगी का अनुभव नहीं आता हम पैसे का सही ढंग से उपयोग नहीं कर पाएंगे।
- जीवन में किसी के लिए पछताने से अच्छा है कि कुछ ऐसा करके दिखाओ कि हमें छोड़ने वाले खुद सारी उम्र पछताते रहें।
- बेशक हमारे पास बेशुमार पैसा हो लेकिन फिर भी खर्च करने से पहले अपनी जरूरत और लग्जरी को ध्यान में रखना चाहिए।
- हर कोई कहता है कि पैसे का नशा बहुत बुरी चीज़ है, लेकिन फिर भी हर कोई अधिक से अधिक पैसा कमाना चाहता है।
- जो कुछ हमारे पास है अगर हम उससे संतुष्ट नहीं हैं तो हम उससे भी कभी संतुष्ट नहीं हो सकते जो कुछ हम चाहते हैं।
- प्रयास के बिना हमारे सारे गुण बेकार हैं, इसलिए अपने गुणों का पूरा फायदा लेने के लिए बहुत ध्यान से प्रयास करने चाहिए।
- अगर हमें हर दिन कुछ नया करके पैसा कमाना है तो उसके लिए सबसे पहले हमें कुछ रचनात्मक कार्य करके दिखाने होंगे।
- धनवान बनने के लिए व्यवहार के साथ संस्कारों की भी समझ जरूरी होती है वरना यह हमें राजा से रंक बनाने में देर नहीं लगाता।
- पैसे की कमी होते ही दुख–परेशानियाँ बढ़ने लगती हैं और अधिक पैसे के आने से हमारे दिलो–दिमाग में डर हावी होने लगता है।
- जब तक बहुत मजबूरी न हो हमें उधार नहीं लेना चाहिए क्योंकि थोड़ा सा कर्ज हमारी बहुत सारी परेशानियों को बढ़ा देता है।
- अधिक पैसा कमाने की चाह में कभी भी जल्दबाजी में फैंसले नहीं लेने चाहिए क्योंकि इससे मौके की बजाए धोखे मिल सकते हैं।

- आज के समय में कमियाँ निकालने और परखने वाले तो हजारों मिल जाते हैं लेकिन दिल से समझने वाले ढूंढने से भी नहीं मिलते।
- जो लोग यह सोचते हैं कि "मैं सब कुछ जानता हूँ" वो जिदंगी में न तो कभी कुछ नया सीख पाते हैं और न ही रईस बन सकते हैं।
- अमीर बनना चाहते हो तो दूसरे लोगों की कमियाँ निकालने की बजाए अपना सारा समय खुद को सुधारने में लगाना शुरू कर दो।
- जैसे–जैसे हमारी उम्र बढ़ती है हमें दूसरे लोगों की बातों की तरफ ध्यान न दे कर उनके कार्यों को समझने की कोशिश करनी चाहिए।
- बिना पैरों वाला इंसान भी पहाड़ पर चढ़ सकता है, बस सिर्फ शर्त इतनी सी है कि हमें मालूम होना चाहिए कि हमें जाना कहां तक है।
- यदि हम धनवान बनने के लिए जरूरत से बड़ा लक्ष्य तय करते हैं और असफल हो जाते हैं तो भी हम दूसरों से कहीं आगे ही रहेंगे।
- पैसे से हमारे जीवन में बहुत सारी खुशियाँ आ जाती हैं, इसलिए अधिक खुशियाँ पाने के लिए और अधिक पैसा कमाना जरूरी होता है।
- जिदंगी में इतना पैसा तो जरूर कमाना चाहिए कि हमारा नाम दिन में सूरज की तरह और रात को चांद सितारों की तरह चमक सकें।
- जब भी हमारी कम्पनी को कोई बड़ा ऑर्डर मिले या अच्छा मुनाफा हो तो उसे सभी कर्मचाारियों के साथ मिल कर उत्सव की तरह मनाएं।
- सिर्फ हाथों से काम कर के कोई भी व्यक्ति अमीर नहीं बन सकता जबकि दिमाग का उपयोग करने वाले बहुत जल्द करोड़पति बन जाते हैं।
- किसी भी चीज पर पैसा खर्च करने से पहले हमें अच्छे से विचार कर लेना चाहिए कि क्या सच में इसके बिना हमारा काम नहीं चल पायेगा।
- हमारी इच्छाशक्ति से अधिक हमारी सफलता इस बात पर निर्भर करती है कि हम किस तरह के लोगों के साथ अपना समय व्यतीत करते हैं।
- प्रभु हर इंसान को दो विकल्प दे कर भेजता है, पहला सारी उम्र

किसी मालिक की गुलामी करे दूसरा खुद बॉस बन कर जिदंगी का आनंद ले।

- अंधविश्वास से आज तक किसी को कुछ नहीं मिला, इसलिए जल्दी दौलत कमाने के लिए कभी भी अंधविश्वास का साहरा नहीं लेना चाहिए।
- जो अपने जुनून को सच्चे मन से प्यार करते हैं उन्हें फिर पैसे के पीछे जाने की जरूरत नहीं पड़ती वो खुद ही उनके पास खिंचा चला आता है।
- कुछ भी खरीदते समय तोल–मोल करना कोई बुरी बात नहीं होती क्योंकि जो भी पैसे हम बचा पाएंगे वो भी हमारी कमाई का हिस्सा होते हैं।
- दुनिया को जीतना है तो उसके लिए सपने देखो और अच्छी योजना बनाओ उसके बाद इन दोनों को जोड़ दो, जमाना आपका गुलाम हो जायेगा।
- धन कमाने की राह में आने वाली सभी अड़चनों को दूर करना मुमकिन नहीं होता इसलिए इनसे बचने के लिए अपने रास्ते को बदल लेना चाहिए।
- यह दुनिया बहुत हसीन है, इसमें जीने का मज़ा भी बहुत हैं पर हमारी जिदंगी बहुत छोटी है, इसलिए हर पल कुछ करिश्में करने का प्रयास करते रहना चाहिए।
- अगर कोई व्यक्ति हमें अपने से नीचा दिखाने की कोशिश करे तो हमें साफ–साफ कह देना चाहिए कि मैं वो नहीं हूँ, आप घर जा कर अपना चेहरा आईने में देख लेना।
- अपने साथ काम करने वालों को सिर्फ नौकर नहीं समझना चाहिए, जब कभी कम्पनी से जुड़े किसी महत्त्वपूर्ण मसले पर विचार करना हो तो उन्हें अपने साथ बिठाएं।
- एक बात सदा याद रखो कि पढ़ाई से अधिक काम महत्त्वपूर्ण होता हैं, इसलिए अगर आपने पढ़ाई पूरी नहीं भी की तो अब कुछ ऐसे काम करो जिससे कामयाबी मिल सके।
- हर बात के पीछे कोई न कोई कारण होता है, अगर कोई हमें

बुरा–भला कह रहा है तो उसके पीछे भी जरूर कोई कारण होगा, उसे जरूर जानने की कोशिश करनी चाहिए।

- जवानी में जो लोग प्रेम–प्यार के चक्कर में न पड़ कर अपना सारा ध्यान भविष्य बनाने में लगा देते हैं उन्हें अमीर बनने से कोई ताकत नहीं रोक पाती।
- पैसा कमाने की इच्छा रखने वाले किसी भी कार्य को बीच में ही छोड़ने से पहले एक बार जरूर यह विचार करते हैं कि उन्होंने यह काम शुरू क्यों किया था।
- हमें कभी भी अपने बच्चों को अपनी तरह से पैसा कमाने के गुर नहीं सिखाने चाहिए बल्कि हमें उनकी भावनाओं और दिलचस्पी का भी ख्याल रखना चाहिए।
- सोचना अच्छी बात है, लेकिन पैसा कमाने के बारे में सिर्फ सोच कर काम नहीं चलता, उसके लिए हमें बहुत ही असरदार तरीके के साथ कर्म भी करने पड़ते हैं।

OOO